퀵스타닷컴

인터넷 혁명의 미래

퀵스타닷컴

인 터 넷 혁 명 의 미 래

프랭크 피더 지음 | 정균승 옮김

황금비늘

인터넷 혁명을 기꺼이 받아들이고
가족형 인터넷 비즈니스를 시작하려는 분들에게 이 책을 드린다.

인 터 넷 혁 명 의 미 래

    지난 저서인 『미래의 닷컴 소비자:2010년의 쇼핑 웹 혁명(Future Consumer.com:The Webolution of Shopping to 2010)』가 독자들로부터 큰 호응을 얻은 이후, 나는 IBO(독립사업자:Independent Business Owner)들로부터 여러 차례 퀵스타(Quixtar)버전을 써보라는 권유를 받았다. 『미래의 닷컴 소비자』가 일반 비즈니스 독자를 대상으로 하여 쓴 책이라면 이 책은 퀵스타 독자들을 위해 쓴 책이다.

    『Quixtar.com:인터넷 혁명의 미래(The Future Quixtar Consumer)』는 처음 집필을 시작할 때부터 퀵스타 독자들을 대상으로 하여 씌어졌으며 이 책과 비슷한 책은 아직 어디에서도 출판된 적이 없다. 따라서 이 책을 읽는 독자들은 이 책이 단순히 『미래의 닷컴 소비자』를 재편집한 것이 아니며, 내용적으로 훨씬 더 가치가 있다는 것을 알게 될 것이다.

참고로, 이 책의 내용 중 복잡하지만 매우 중요한 개념인 '웹(인터넷)을 통한 쇼핑 혁명(Shopping Webolution)'과 '웹(인터넷) 라이프스타일(Web Lifestyle)'이라는 개념에 대해 충분한 설명과 이론적 근거를 얻기 위해서는 『미래의 닷컴 소비자』 개정판과 『미래의 인터넷 생활(Future Living.net)』과 같은 책들을 참조하는 것이 좋다.

이 책은 미래의 퀵스타 쇼핑객, 미래의 퀵스타 IBO, 현직 퀵스타 전자상거래 사업자들을 위한 핵심 사항만을 위주로 하여 씌어졌고, 독자들이 친근하게 느끼며 '쉽고 빠르게 공부할 수 있도록' 하는 데 목표를 두고 있다.

이 책의 3가지 목표

이 책은 다음의 3가지 목표에 초점을 맞추고 있다.

1. 인터넷 혁명의 현재와 미래

기술, 경제, 사회, 쇼핑 측면에서 인터넷(웹) 혁명의 큰 그림을 그려 보고, 그것들이 각각 퀵스타에 어떤 영향을 미치는지 알아본다.

2. 퀵스타는 왜 최고의 인터넷 사업인가

지금까지도 그랬지만 앞으로도 왜 퀵스타가 주도적인 인터넷 쇼핑몰의 하나로 성장할 것인가 하는 이유와 왜 퀵스타가 온라인 최고의 네트워크 마케팅 사업의 기회를 제공할 것인지 그 이유를 설명하고자 한다.

3. 퀵스타 사업 전략과 아이디어

나는 퀵스타와 네트워크 마케팅에 몸담고 있지는 않지만, 전자상거래 사업을 성공적으로 이끌기 위한 전략과 아이디어를 몇 가지 제공하고자 한다.

이 책의 구성

이 책은 모두 3부 7장으로 구성되어 있다.

• **제1부:인터넷 혁명의 미래**

제1, 2, 3장은 인터넷 혁명이 가져온 기술·경제·사회적 변화에 대해 기술한다.

- **제2부:인터넷 쇼핑과 퀵스타 소비자**

제4장은 1~3장에 이어 인터넷 혁명이 진행되는 동안 온라인상에서 얼마나 많은 쇼핑이 이루어질 것인가를 예측하고 있다.

제5장은 미래의 퀵스타 단골 쇼핑 고객의 행동과 구매 습관에 대해 기술, 분석, 예측하고 있다.

- **제3부:퀵스타 사업의 성공 전략**

제6장에서는 지금까지의 퀵스타 성공 스토리를 소개하고, 쇼핑에서의 인터넷 혁명이 계속되는 한 미래에 수많은 기회들을 제공하게 될 퀵스타에 대해 설명한다.

마지막으로 제7장에서는 온라인상에서 퀵스타 사업을 성공적으로 구축하는 방법과 관련된 몇 가지 전략과 아이디어를 소개하면서 마무리하고자 한다.

퀵스타, 당신의 미래!

이미 대부분의 독자는 내가 퀵스타와는 전혀 관련이 없는 완전한 제3자라는 것을 알고 있다. 과거에도 그랬고 현재도 나를 비롯해 내 가족 누구도 네트워크 마케팅을 해본 적이 없고, 퀵스타

IBO나 구매자도 아니며, 어떤 형태로든 퀵스타의 모회사나 관련 회사 또는 단체와 연관되어 있지 않다.

나는 가끔 외부 초청강사 자격으로 퀵스타 관련 모임에서 강의를 하고 일반적인 강의료를 받는다. 또 몇몇 강의에서는 내 허락을 받고 강의 내용을 녹음하기도 한다. 하지만 나는 녹음에 대해서는 그 어떤 로열티도 받지 않고, 녹음테이프의 판매로 발생하는 수입금에 대해서도 신경 쓰지 않는다. 나는 퀵스타 측의 요청으로 2000년에「퀵스타, 당신의 미래! 우리 함께 갑시다!」라는 제목의 기업 홍보용 비디오테이프 제작에 출연했다. 약간의 사례비는 받았지만 로열티는 단 한 푼도 받지 않았다.

나는 1999년 이후의 다양한 활동 덕분에 퀵스타와 그 전자상거래 모델에 관해 많은 것을 알게 되었다. 그리고 1999년에 퀵스타가 처음 출범했을 때는 직감적으로 퀵스타가 온라인에서 놀랄 만한 성공을 거두리라는 것을 예상했다.

나는 지금도 변함없이 내 예상과 믿음에 확신을 가지고 있다. 그리고 진정으로 퀵스타의 미래에 관해 열정을 가지고 있다. 또한 나는 왜 퀵스타가 이토록 성공을 거두고 있고, 미래가 밝을 수밖에 없는지 그 이유를 알고 있다. 그렇기 때문에 나는 이 책을 집필한 것이다.

내가 바라는 것은 독자들이 이 책을 통해 원하는 목적을 이루

고, 유용한 정보를 얻는 것이다. 그러나 이 책의 출판은 퀵스타와
는 무관하게 완전히 나의 독자적인 판단으로 이루어진 것이다. 따
라서 이 책에 있는 모든 내용과 견해는 전적으로 내 생각이다. 그
리고 이 책에 나오는 어떤 실수나 오류에 대한 책임 역시 전적으
로 내게 있다. 만약 나의 견해와 퀵스타의 시각이 서로 상충되는
면이 있다면 내 의견은 조언의 수준에서 받아들이고 여러분 후원
자의 말을 따르면 된다. 성공적인 전자상거래를 구축하는 것은 여
러분이지 내가 아니기 때문이다.

　끝으로, 여러분이 이 책을 통해 퀵스타 사업을 구축하는 데 도
움을 얻고, 나아가 큰 성공을 거두기를 진심으로 바란다.

프랭크 피터

Contents

프롤로그 ▌ 인터넷 혁명의 미래

01 인터넷 혁명의 현재와 미래

제1장 ● 인터넷의 폭발적 성장과 무선 인터넷 시대:인터넷 혁명의 기술적 변화 ● 019
인터넷의 폭발적 성장
인터넷의 네트워크 효과
무선 인터넷의 등장
휴대용 인터넷폰 시대

제2장 ● 가정 기반 경제의 재탄생:인터넷 혁명의 경제적 변화 ● 031
'거품 현상' 과 인터넷의 빅뱅
프로슈머와 1대1 마케팅의 진화
차별화된 퀵스타 유통방식
디지털 리더, 퀵스타
산업혁명과 디지털 자본주의
네트워크 효과와 프로슈머
가내 경제로 돌아가는 인터넷 혁명
가족 단위 사업체의 등장

제3장 • 디지털 가족과 인터넷 라이프스타일:인터넷 혁명의 사회적 변화 • 050
인터넷 라이프스타일의 등장
디지털 네트워크, 디지털 가족
가족 중심의 인터넷 라이프스타일
미래의 가족 의사소통
훌륭한 쇼핑 도우미, 인터넷 냉장고

02 인터넷 쇼핑과 퀵스타 소비자

제4장 • 인터넷 쇼핑과 자동 배달 주문 시스템:쇼핑 트렌드의 변화 • 067
급성장하는 인터넷 쇼핑
새로운 쇼핑 공간, 인터넷
인터넷 쇼핑에 적합한 제품
인터넷 제품의 4가지 유형
인터넷 쇼핑의 매력

제5장 • 주류로 부상하는 인터넷 쇼핑과 미래의 소비자:미래의 퀵스타 고객 • 086

소비자 세대의 진화

거의 모든 것을 취급하는 쇼핑몰

여성이 주도하는 인터넷 쇼핑

지상 최대의 멀티미디어 매체

인터넷 쇼핑의 '학습곡선'

단순 이용자에서 실질 구매자로

미래의 온라인 지출 규모

03 퀵스타 사업의 성공 전략

제6장 • 인터넷 쇼핑의 새로운 '태양' : 퀵스타 시스템과 성공 스토리 • 107

퀵스타 성공의 6가지 요소

인터넷 쇼핑에 이상적인 제품 공급

자동 배달 주문 시스템

퀵스타 사업의 시너지 효과

인터넷 혁명의 중심, 퀵스타

디지털 친화적 포지셔닝

독자적인 능력 개발 프로그램
1대1의 고객 공동체
인터넷 쇼핑의 새로운 지배자

제7장 ● 1대1 마케팅 혁명과 프로슈머 마케팅:성공적인 인터넷 사업 전략 ● 133
인터넷 마케팅의 6Ps
대량 맞춤 주문생산과 고객관계관리
실시간 가상 쇼핑
판매 시장의 중심 이동
대중 광고에서 1대1 맞춤 광고로
하이테크＋하이터치 비즈니스
고객의 평생가치가 만드는 사업
프로슈머가 주도하는 인터넷 비즈니스
가정에서 시작하는 최첨단 사업
네트워크 마케팅과 프로슈머 트렌드의 결합
네트워크 경제학의 레버리지 효과
프로슈머와 비즈니스 파트너
미래를 디자인하는 프로슈머

에필로그 ▌ 황금의 기회를 잡아라!

저자소개

제1부

인터넷 혁명의
현재와 미래

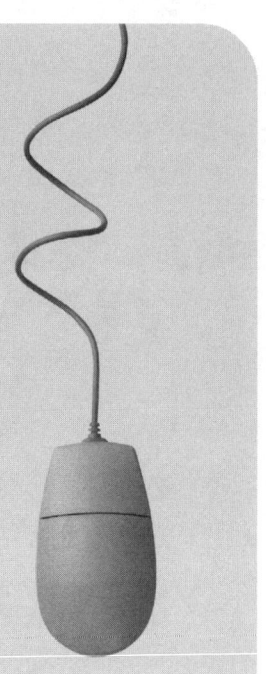

제1장 ● **인터넷의 폭발적 성장과 무선 인터넷 시대:** 인터넷 혁명의 기술적 변화

제2장 ● **가정 기반 경제의 재탄생:** 인터넷 혁명의 경제적 변화

제3장 ● **디지털 가족과 인터넷 라이프스타일:** 인터넷 혁명의 사회적 변화

　　퀵스타는 처음 출범할 때부터 대단했다. 그러나 퀵스타를 통한 엄청난 전자상거래 기회에 대해 자세히 언급하려면 우선 인터넷 혁명(또는 웹 혁명)과 인터넷 혁명이 기술·경제·사회 분야에 끼친 영향을 이해해야 한다. 그리고 **인터넷**(온라인) 쇼핑과 그에 따라 퀵스타가 맞이하게 될 엄청난 기회를 예측하기에 앞서, 앞으로 전개될 미래 사회의 '큰 그림'을 이해하는 것이 중요하다.

　　제1부에서의 가장 핵심 단어는 '대단하다'는 것이다. 따라서 이 부분을 그냥 건너뛰어서는 안 된다. 만약 이 부분을 그냥 넘어가면 현재 당신 주변에서 일어나고 있는 엄청난 지각 변동의 실체를 당신만 눈치조차 채지 못하는 상황이 될 것이다. 자! 손만 뻗으면 닿을 수 있는 이 흥미진진한 세계로 들어가 보자.

제1장

인터넷의 폭발적 성장과 무선 인터넷 시대
인 터 넷   혁 명 의   기 술 적   변 화

인류 역사상 처음으로 지구촌 어디에서나 최신형 **PC(Personal Computer**:개인용 컴퓨터)가 스위치를 켠다. 그리고 **24**시간 내내 매 초마다 가동한다. 만약 이 놀라운 사실이 당신의 등줄기를 타고 전율로 다가오지 않는다면 당신은 '굉장한 기회'를 잡을 수 없다. 그러나 만약 이 사실이 당신을 흥분시킨다면 당신은 퀵스타 성공 스토리의 주인공이 될 수 있다.

인터넷의 폭발적 성장

인터넷이 폭발하고 있다. 1993년에는 단지 5000대의 컴퓨터가 인터넷에 접속하고 있었지만 2002년 중반에는 전 세계적으로 6억 3000만 명이 온라인상에서 연결되었다. 또 2005년에 이르면 적어도 10억 명이 온라인상에 있게 될 것이다. 그러나 더욱 놀라운 사실은 이들 중 상당수가 PC가 아닌 다른 매체를 통해서 인터넷에 접속할 것이라는 사실이다.

실제로 매년 휴대폰이 PC보다 더 많이 팔리고 있으며, 최신형 휴대폰들은 언제든지 인터넷 접속이 가능하도록 출시된 인터넷폰이다. 결과적으로 인터넷은 과거의 다른 어떤 매체들보다 빠르게 사회 전역에 확산되면서 우리의 삶 속에 깊이 파고들고 있다. 북미지역의 경우, 사용자 수가 5000만 명에 도달하는데 라디오는 38년이 걸렸고 텔레비전은 13년이 걸렸다. 그런데 인터넷의 경우에는 불과 5년 만에 사용자 수가 5000만 명에 이르렀다. 더욱이 사용자의 증가 속도는 텔레비전에 비해 5배, 라디오에 비해서는 **10**배의 빠른 속도를 보이고 있다.

1970년, 미국인 가정의 40%에 컬러텔레비전이 보급되었다. 이 수치는 컬러텔레비전이 처음 나온 지 25년 만에 이루어진 것이었다. 한편 1997년 미국인 가정의 40%가 PC를 소유하게 되었는데, 이것은 PC가 등장한 후 17년 만에 이루어진 결과였다. 그리고 2000년을 기준으로 전체 미국인 가정의 약 42%가 인터넷을 사용했으며 이는 처음 웹 브라우저가 등장한 지 7년 만에 이루어진 일이다.

2005년에 이르면 미국인 가정의 약 70%가 인터넷을 일상처럼 사용할 것이다. 또한 이들 중 많은 사람들은 하루에 적어도 몇 시간씩을 인터넷에 할애하게 될 것이다. 그래서 그때가 되면 인터넷 이용률이 텔레비전 시청률을 앞지를 것이다.

현재 미국 가정의 **98%**가 텔레비전을 보유하고 있다는 점을 고려해볼 때, **2010년**이 되면 미국인 가정 중 **98%**가 가정에서 손쉽게 인터넷을 이용할 것이라는 예측을 할 수 있다. 즉 그때가 되면 인터넷은 우리의 삶 그 자체가 되는 것이다. 물론 모든 새로운 기술의 초기 단계에서는 다음과 같이 말하는 회의론자들이 분명 나타나기 마련이다. "이 기술은 결코 성공하지 못할 거야", "뭐 별로 새로운 것도 없는데" 또는 "누가 이것을 필요로 하겠어."

실제 텔레비전이 처음 등장했을 때도 어느 누구 하나 텔레비전을 시청하지 않았다. 그리고 카폰이 처음 등장했을 때도 도대체 누가 차 안에서 전화를 필요로 하겠느냐며 카폰의 등장에 대해 회의적이었다. 전화, 컴퓨터가 처음 등장했을 때도 마찬가지로 당시 사람들은 다음과 같은 말을 하며 그것을 필요 없는 것이라고 일축해버렸다.

• '전화'란 것은 통화 도중에 너무나 자주 끊기기 때문에 의사 소통 수단으로 간주하기에는 상당히 문제가 있다. 전화는 우리에게 그다지 쓸모 있는 물건이 아니다.

웨스턴유니언 노동조합의 내부 메모, 1876년

• 텔레비전은 결코 라디오에 견줄만한 경쟁자가 될 수 없다. 왜냐하면 텔레비전을 보기 위해서는 사람들이 텔레비전 앞에 장시간 죽치고 앉아서 화면에 눈을 붙박이처럼 붙이고 있어야 되는데, 사실 일반적인 가정은 그럴 만한 시간적 여유가 없기 때문이다.

「뉴욕 타임스」, 1939년

• 사람들이 집에다 컴퓨터를 들여놓아야 할 어떤 이유도 없다.

DEC컴퓨터 회장, 1977년

1995년에 전문가들은 인터넷 시스템이, 증가하는 정보의 양과 사용자의 수를 더 이상 통제할 수 없기 때문에 1년 안에 붕괴될 것이라고 예견했다. 그런데 지금 그와는 반대로 인터넷은 당시에 나왔던 그 어떤 낙관적인 예측보다도 더 빠르게 성장하고 있다.

기존의 생활패턴을 완전히 뒤집어 놓을 만한 새로운 기술이 하나 등장하면 처음에는 대부분의 사람이 일단 천천히 기다리면서 지켜보자는 태도를 취한다. 그런데 일단 신기술의 사용이 폭넓게 확산되면 상당수의 시장이 옛 기술 대신 신기술로 전환하게 되는 시점을 맞이하게 되고, 그때부터는 신기술 제품이 뜨게 된다.

인터넷과 관련해서 우리는 컴퓨터 전문가들이 말하는 소위 '변곡점'에 빠르게 접근하고 있다. 그리고 이 변곡점에 다다르게 되면 약 10억 명이라고 하는 '가공할 만한 다수'가 네트워크에 올려진 정보를 즉각 공유하며 활용하게 된다. 이는 불과 2005년이면 지구촌 전역에서 일어날 현상이며, 인터넷은 북미지역에 사는 대다수의 사람들에게 일상 그 자체가 될 것이다.

북미지역 가정의 65% 이상이 이미 개인 PC를 보유하고 있고, 그 중 2/3는 온라인에 접속하고 있다. 그리고 이들 대부분은 지금 인터넷과 인터넷 쇼핑이 주는 이점을 막 깨달아 가는 단계에 있다. 즉, 아직까지는 인터넷 라이프스타일(또는 웹 라이프스타일)을 충분히 즐기며 사는 사람은 별로 없다. 하지만 계속해서 더 많은 사람들이 온라인 이용에 따른 경험을 쌓아감에 따라 머지않아 진정한 인터넷 라이프스타일이 자리 잡게 될 것이다.

일단 소비자들이 온라인을 이용하기 시작하면 그들은 절대 과거로 되돌아가지 않는다. 그러는 사이 인터넷사이트는 소리 없이 소비자의 행동에 변화를 불러일으켜, 인터넷 라이프스타일을 폭넓게 확산시키고 인터넷 쇼핑이 폭발적으로 증가할 수 있는 토대를 마련한다.

첨단기술의 발전이 가져오는 큰 지각변동으로 적어도 향후 20년 간 '인터넷(웹) 혁명(Webolution:Web과 Evolution의 합성어)'이 우리 생활에 가져올 영향은 감히 추측할 수도 없다. 현재 일어나고 있는 변화는 앞으로 일어날 변화에 비하면 빙산의 일각에 불과하기 때문이다.

인터넷의 네트워크 효과

인터넷의 급속한 성장은 인터넷이 자체적으로 창출해내는 '네트워크 효과(Network Effect)'에 기인하고 있다. 그리고 인터넷의 네트워크 효과는 그 규모와 범위 면에서 물, 전기, 철도, 공항, 고속도로 네트워크 효과에 비유할 수 있다.

네트워크는 일정한 규모가 돼야 제 기능을 한다. 예를 들어 만약 공항이 한 개밖에 존재하지 않으면 비행기들이 가야 할 목적지가 없게 된다. 그런데 공항이 더 많이 늘어나면 늘어날수록 비행기를 이용하려는 잠재적인 승객들에게 항공 네트워크의 가치는 점점 더 크게 부각되고 자연히 더 많은 사람들이 항공 네트워크의 이점을 알게 된다. 즉 이렇게 되면 문자 그대로 항공 네트워크의 가치는 하늘로 솟아오르게 되는 것이다.

컴퓨터를 구입하는데 소비되는 비용은 과거 그 어떤 기술적인 발명품보다 훨씬 빠른 속도로 감소하고 있다. 1951~1984년 사이 컴퓨터 구입비용은 물가상승을 감안하더라도 연 평균 19.8%씩 떨어졌고, 그 후로는 매년 28.2%씩 감소했다.

> **컴퓨터 가격의 지속적인 하락은 일상생활 및 상거래 관행에 혁신적인 변화를 가져올 것이다. 또한 전자상거래를 위한 절호의 기회를 제공할 것이다.**

1975년에 대형 컴퓨터 한 대의 가격은 약 120억 원이었다.[1] 그러나 오늘날의 PC는 그보다 속도는 200배나 빨라졌으면서도 가격은 0.01%인 120만 원선에 불과하다. 따라서 컴퓨터 가격의

---

1) 독자의 이해를 돕기 위해 이 책의 모든 화폐는 달러화를 원화로 환산하여 표기한다. 물론 달러화의 실제 시세는 환율 변동에 따라 수시로 달라지지만 이 책에서는 편의상 1달러 = 1200원을 기준으로 한다.

지속적인 하락은 일상생활 및 상거래 관행에 혁신적인 변화를 가져올 것이다. 또한 전자상거래를 위한 절호의 기회를 제공할 것이다.

이와 같은 컴퓨터의 생산성 향상은 세계 최대의 컴퓨터 칩 제조회사인 '인텔'의 공동창업자 고든 무어(Gordon Moore)의 이름을 따서 만든 '무어의 법칙(Moore's Law)'에 따르고 있다. 1960년대에 무어는 컴퓨터 마이크로 칩의 정보처리 능력은 매 18개월마다 2배씩 증가할 것이고 칩의 가격은 그 상태를 유지하거나 더 떨어질 것이라는 예측을 했다. 이 예측은 지난 30년 동안 맞아떨어져 왔고, 최소한 앞으로 10년 동안은 이 상황이 지속될 것이다.

무선 인터넷의 등장

앞으로의 인터넷은 무선 인터넷이 지배할 것이다. 현재 0.5초마다 1대씩 최신형 무선 휴대폰이 팔리고 있다. 매일 15만 명이 인터넷이 가능한 무선 휴대폰을 구입하고 있는 것이다. 세계적인 휴대폰 제조회사 '노키아'는 2003년에 이르면 적어도 50%의 휴대폰이 웹 브라우저 기능을 갖추고 있을 것이라고 예상했고, 이 예상은 맞아떨어졌다. 또한 이 수치는 1999년에 인터넷 접속이 가능했던 PC의 비율과 거의 같은 수준이다.

개인 휴대폰 사용이 급증함에 따라 전화회사는 공중전화를 없애기 시작했다. 미국에서는 지난 4년 동안 이미 전체 공중전화의 18%가 사라졌으며, 공중전화를 통한 통화량도 1998년 이후 28%나 감소했다. 그러나 이러한 현상은 최근 일어나고 있는 변화의 시작에 불과하다. 사무실 전화의 사용 비율 역시 계속해서 곤두박질치고 있으며, 사람들이 자신의 휴대폰이나 무선호출기, PDA(개인 휴대 단말기:Personal Digital Assistant)의 사용을 선호함에 따라 곧 사무실에서 사라지게 될 것이다. 그런가 하면 어떤 사람의 경우에는 가정에서도 일반전화를 사용하는 대신 훨씬 사용하기 편한 자신의 휴대폰에 의지하는 경향이 늘고 있다.

소비자들은 또한 휴대폰을 통해 인터넷을 즐기려고 한다. 최근 한 조사에 따르면 북미지역 인터넷 사용자들 중 42%가 휴대폰이나 PDA를 통해 인터넷에 접속하기를 원하고 있다.

휴대폰을 통한 인터넷의 이용에서 가장 큰 비중을 차지하는 것은 쇼핑이다. 모바일 상거래(M-Commerce)의 대중화 시대가 열리게 된 것이다. 모바일 상거래의 대중화란, 예를 들어 택시

안에서 친구가 자신이 요즘 읽고 있는 책에 관해 얘기하는 것을 듣고, 그 책을 휴대폰이나 PDA로 즉시 다운로드를 받을 수 있는 시스템이 대중화된다는 뜻이다. 또 다른 방법으로는, 직접 오프라인 가게를 방문해서 제품의 바코드를 스캔하고 온라인으로 그 상품의 가격을 비교하는 것이다. 구매 결정을 하면 자동으로 집까지 배달될 수 있도록 마우스만 한 번 클릭하면 된다.

휴대용 인터넷폰 시대

인터넷폰은 앞으로 PC를 대체하는 가장 지배적인 인터넷 접속 도구가 될 것이다. 또한 인터넷폰은 모든 종류의 상품 구매나 서비스 이용 시 현금, 수표, 직불카드, 신용카드를 대신하는 결제수단이 될 것이다. 쇼핑객들이 자신의 인터넷폰을 상점의 휴대용 판독기에 갖다 대기만 하면 자신의 은행 계좌에서 상점 주인의 계좌로 결제 금액만큼 현금이 빠져나가기 때문이다.

사실 인터넷폰은 1993년에 출간 되었던 『미래의 소비자(The Future Consumer)』에서 '통신 지갑'으로 이미 예견되었던 것이다. 이는 1996년 빌 게이츠(Bill Gates)가 '지갑 PC'라고 묘사한 것으로, 우리가 지갑이나 핸드백에 넣고 다니는 모든 것들을 갈아 치울 것이다.

머지않아 인터넷폰으로 모든 종류의 신분증, 운전면허증, 사회보장 및 의료보험 정보, 신용카드 정보 등을 저장하고 검색할 수 있게 될 것이다. 뿐만 아니라 마음에 드는 가족사진 수십 장을 한꺼번에 저장할 수도 있고, 여권의 역할도 대신할 것이다. 그러나 이와 같이 시계처럼 휴대가 간편하고 지갑처럼 개인 용도로 사용되면서도 시계나 지갑보다 안전성이 높은 인터넷폰을 사용하려면 우선 지문이나 음성인식이 필요하다. 혹시 모를 분실의 위험이 따르기 때문이다.

> *인터넷폰은 PC를 대신해서 가장 지배적인 인터넷 접속 도구가 될 것이며, 우리가 지갑이나 핸드백에 넣고 다니는 모든 것들을 갈아 치울 것이다.*

개인용 휴대전화의 보급으로 공중전화가 사라지는 것처럼 은행 창구 직원이나 자동출납기 역시 서서히 사라지게 될 것이다. 그러면 은행 고객은 인터넷폰을 통해 무선으로 언제 어디서나 현금을 입·출금하고 결제하게 될 것이다. 이는 이미 일부 사용자들에 의해 서비스되고 있다.

아울러 주식투자자와 초단기 주식 매매자 역시 인터넷폰을 통해 주가지수의 정보를 얻거나 주식 매매를 쉽고 빠르게 할 수 있다. 또한 보다 일반적으로 그들의 투자 포트폴리오 관리와 퇴직 후 계획까지도 관리할 수 있다.

마지막으로 한 가지만 더 언급하자면 인터넷폰은 쇼핑 목적으로 이용될 것이다. 또한 인터넷폰은 우리를 모바일 전자상거래 시대로 이끌고 갈 것이다. 따라서 무선 휴대폰 시대에 적절히 적응하지 못하는 사람은 점점 도태되는 신세를 면치 못할 것이다.

퀵스타를 비롯하여 모든 상거래업자들은 휴대폰을 고객의 주머니와 바로 연결하는 새로운 창구로 인식하게 될 것이다. 인터넷 쇼핑은 전화를 거는 일만큼이나 간단해서 거의 모든 사람들이 그렇게 할 것이기 때문이다.

제 2 장

가정 기반 경제의 재탄생
인 터 넷 혁 명 의 경 제 적 변 화

상거래와 통신은 동전의 양면과 같다. 따라서 보다 빠르고 보다 뛰어난 통신 수단이 출현하게 되면 경제와 비즈니스에 근본적인 변화가 일어나는 것은 당연한 일이다. 과거의 산업혁명이 그랬던 것처럼 인터넷 혁명 역시 경제 판도를 완전히 바꾸고 있으며, 이러한 흐름을 잘 이해하고 받아들이는 사람에게는 커다란 부를 안겨줄 것이다.

'거품 현상' 과 인터넷의 빅뱅

2000~2001년에 이른바 닷컴 주식시장의 '거품' 이 사라진 이후 많은 사람들이 인터넷의 미래 잠재력에 대해 회의를 품기

시작했다. 따라서 우리는 앞으로 어떨까를 논하기에 앞서 당시에 어떤 일이 일어났고, 그것이 미친 파장은 무엇이며, 앞으로는 어떻게 될 것인지를 먼저 이해해야 한다.

실제로 많은 사람이 인터넷에 광적으로 빠져들어 완전히 이성을 잃고 행동했던 때가 있었다. 그들은 주식가격을 터무니없이 과대평가된 수준까지 몰고 갔다. 기술주 중심의 나스닥 (Nasdaq:마이크로소프트, 인텔 등 하이테크 기업과 벤처기업 등이 상장되어 있는 미국의 장외 주식시장) 지수가 3000포인트에 도달할 무렵 나는 책을 통해 독자들에게 나스닥 지수가 이미 적정한 계선을 넘어 과도하게 평가되어 있다는 것을 경고했다. 과도한 평가는 곧 조정을 불러온다. 그리고 일단 조정을 받고 떨어지기 시작하면 높이 올라갔던 것만큼이나 대책 없이 곤두박질칠 것이라는 것까지도 예상했다. 사실, 그 후 나스닥 지수는 5000포인트까지 올라갔다. 그리고 일단 떨어지기 시작하자 1600포인트까지 조정을 받았다. 이 폭풍의 와중에 많은 투자자들의 포트폴리오가 박살났고, 회사들은 줄줄이 도산했으며, 많은 사람이 일자리를 잃었다.

주식 열풍이 일어났던 원인 가운데 대부분은 닷컴 시대의 출현이나 인터넷과는 거의 관계가 없는 것이었다. 사실 '코카콜라(Coca-Cola)'나 '질레트(Gillette)'와 같은 다우지수 관련 주식들도 터무니없이 높은 가격에 거래되었고, 거의 모든 기술주들의 가격이 하늘 높이 치솟았기 때문이다. '마이크로소프트(Microsoft)'의 CEO는 자기 회사의 주가가 과대평가되어 있다고 공식적으로 언급했으며, '아마존(Amazon)'의 CEO 역시 사람들에게 자기 회사의 주식이 터무니없이 과대평가되어 있으니 사지 말라고 경고할 정도였다.

어쨌든 전자상거래와 관련된 닷컴 주식이 폭락한 것은 전반적인 미국 주식시장의 '거품' 가운데 일부였으며, 주식 폭락은 오래 전부터 이미 예견된 것이었고, 필연적이었으며, 결과적으로 유익하고 건강한 조정이었다. 왜냐하면 이 폭락장을 계기로 잡초가 제거되듯 거품으로 운영되던 기업과 구조가 견실하지 못한 기업들이 모두 제거되었기 때문이다.

그렇다면 결국 고객의 사랑을 받을 수 있는 온라인 기업은 얼마나 있으면 되는 것일까? 신문에 난 몇몇 기사를 읽어 보고 나서 여러분은 인터넷 사업이 다 망했다고 생각할지도 모른다. 그러나 인터넷 혁명은 주식시장의 '거품'과 놀아나는 '호모' 정도로 치부해버리기에는 이미 너무 큰 대세로 자리 잡고 있다.

전 세계적으로 소비자들은 1초 당 3대의 비율로 최신형 PC와

PDA 그리고 휴대폰으로 바꾸고 있다. 즉 분 단위로 들어오고 나가는 사람을 계산했을 때 약 100명의 새로운 사람이 최초로 온라인에 접속하고 있는 셈이다. 온라인 기업인 '아메리카온라인(AOL:America Online Inc)'이라는 하나의 기업만 하더라도 하루 중 어떤 시간대이든 최소한 100만 명이 접속해 있다. 이는 매 순간 새로운 인터넷 쇼핑객들이 생전 처음으로 온라인에서 물건을 구입하고 있는 것이며, 이들이 기존 오프라인 상점을 통해 구입했던 것보다 더 많은 양을 인터넷을 통해 구입하고 있다는 것을 말해 주는 것이다.

> 몇 안 되는 생존자들 가운데 퀵스타는 조정 국면에서 엄청난 승리자로 우뚝 부상했다. 퀵스타는 어려운 상황에서도 빠른 성장가도를 달리면서 놀랄 만한 수익을 창출하고 선점자에게 주어지는 막대한 특혜까지 누리고 있다.

분명히 말하건대 2000~2001년의 미국 주식시장 붕괴는 인터넷의 '대폭발(Big Bang)'이 일어난 지 얼마 되지 않아 터진 것이다. 그것은 새로운 시대의 초기 단계에 나타나는 성숙하지 못한 거품들을 해소한 것이었다. 인터넷은 아직 달리기는커녕 걸음마조차 제대로 떼지 못하는 갓난아기에 비유할 수 있기 때문이다. 그러나 인터넷의 생명력은 적어도 앞으로 100년은 지속될 것이다. 우리는 지금 이 놀라운 성장의 첫 1%만을 보고 있을 뿐이다. 그러므로 인터넷을 통해 부가가치를 창출할 시간은 아직 남아 있다. 그러나 그 시간이 결코 많이 남아 있는 것은 아니다.

닷컴기업들의 붕괴 이후, 인터넷 기반 경제로의 신규 진입은 크게 제약을 받을 것이다. 왜냐하면 소용돌이 속에서 살아남은 인터넷 경제의 선두주자들이 시장을 지배하는 경향이 있기 때문이다.

2000~2001년의 조정 국면에서 생존한 닷컴기업들은 매우 귀중한 온라인 전자상거래의 경험을 축적했으며, 전자상거래의 세계가 어떻게 움직이는지에 대한 뼈저린 교훈도 얻었다. 그리고 몇 안 되는 생존자들 가운데 퀵스타는 조정 국면에서 엄청난 승리자로 우뚝 부상했다. 퀵스타는 어려운 상황에서도 빠른 성장가도를 달리면서 놀랄 만한 수익을 창출하고 선점자에게 주어지는 막대한 특혜까지 누리고 있다.

·

프로슈머와 1대1 마케팅의 진화

퀵스타와 같이 구매자 중심적이고, 거대한 네트워크를 갖추고 있으며, 대량 맞춤 주문이 가능하고, 1대1 직접 거래 방식에, 고객과의 관계를 기초로 하는 새로운 비즈니스 모델에게 인터넷은 가장 완벽한 환경을 제공한다.

반면 종전과 같이 공장에 기반을 두고, 대량생산, 대량소비, 불특정 다수의 대량 마케팅, 대량광고를 중심으로 하는 경제는 단적으로 말해, 이제 쓸모없게 되었다. 인터넷이라는 새로운 경제가 과거의 기존 경제를 훅 불어서 날려버리고 있기 때문이다.

인터넷은 건물, 기계, 전화선과 같은 고정자산들을 수확체감의 법칙이 적용되는 '죽은' 자산으로 바꿔놓고 있다. 그리고 대신 인터넷 기기들을 들고 다니며 활동하는 인적자원을 수확체증의 법칙이 적용되는, 말 그대로 '살아있는' 지식자본으로 탈바꿈시키고 있다. 따라서 인터넷은 기업들로 하여금 끊임없이 가치의 속도와 수준을 높이고, 구매자들의 욕구를 실시간 주문을 통해 충족시킬 것을 요구한다.

그런데 오직 퀵스타와 같이 온라인상에서 '하이터치[2] + 하이

---

2) 하이터치(High-Touch)라는 용어와 관련하여 주목할 만한 책이 있다. 『메가트렌드』의 저자로 잘 알려진 존 나이스비츠(John Naisbitts)가 그의 딸 나나 나이스비츠(Nana Naisbitts)와 작가이자 예술가인 더글러스 필립스(Douglas Phillips)와 1999년에 공동 집필한 『하이테크, 하이터치(High Tech, High Touch:Technology and Our Search for Meaning)』라는 책이다. 존 나이스비츠는 이 책에서 '하이테크(인터넷, 디지털, IT혁명 등)'의 새로운 물결이 인류에게 물질적 풍요와 번영을 가져다준 것은 사실이지만, 그 이면에 드리워진 개개인의 자화상은 그리 아름다운 모습이 아니라고 설파하고, '하이터치'를 통해 좀더 세련되고 고도화된 인간 중심의 '휴먼터치(Human-Touch)'가 필요함을 역설하고 있다.

테크'적인 네트워크가 형성된 비즈니스 모델만이 이러한 달라진 역학관계 속에서 새로운 이득을 취할 수 있다. 왜냐하면 인터넷의 네트워크 시스템이 경제적 가치를 향상시켜 생산자와 소비자 모두에게 이익을 제공하기 때문이다. 사실상 온라인상에서는 소비자가 생산자의 역할을 한다. 이것을 이미 오래 전에 앨빈 토플러(Alvin Toffler)는 『제3의 물결』에서 '프로슈머(Prosumer:생산자Producer와 소비자Consumer의 합성어)'라고 지칭한 바 있는데, 퀵스타는 정확하게 이 프로슈머의 개념에 토대를 두고 있으며 프로슈머가 주도해 나가는 비즈니스에 중심을 두고 있다. 즉 지금과 같은 인터넷 시대에 가장 적합하게 들어맞는 사업이 바로 퀵스타인 것이다.

과거 제2의 물결로 일컬어지는 인터넷 이전의 생산자 주도적인 기업 체제에서는 기업이 고객의 가치를 빼앗아 기업 주주들의 가치에 추가시켰다. 그런데 새로운 제3의 물결로 일컬어지는 인터넷 이후의 프로슈머가 주도하는 비즈니스에서는 기업의 오너(Owner)와 고객을 상호 보완적인 관계로 본다. 이러한 구조에서는 평생 고객의 개념이 중요시된다. 왜냐하면 인터넷의 특성상 가능한 1대1 마케팅을 통해 고객을 평생 동안 끊임없이 수익의 흐름을 창출하게 하는 자산으로 보아야 하기 때문이다.

이와 같은 방식으로 고객은 비즈니스 가치의 성장을 주도하며, 1대1 관계의 인터넷 마케팅은 이러한 비즈니스 가치를 창출해 내는 독특한 방법을 제공한다(여기에 대해서는 제7장에서 보다 자세히 언급하기로 한다). 실시간으로 끊임없이 접속되어 있는 광대역의 인터넷은 기업과 고객 간의 커뮤니케이션 비용을 분명하고 놀라울 정도로 낮춰서 그들 간의 거래비용과 교류비용을 지속적으로 떨어뜨릴 것이다. 사실상 인터넷은 선형적인 산업사회 특유의 '가치 사슬(Value Chain)'을 끊어버리고, '가치 거미줄(Value Web)'로 바꾸어 비즈니스 세계를 가치 네트워크로 재편하기 때문이다.

이것이 바로 퀵스타와 같은 '네트워크 마케팅 기업들이 이미 오래 전부터 알고 있었고 지금은 인터넷의 막강한 힘을 이용해 그들의 비즈니스 전략을 배가시키는데 활용하고 있는 원리의 실체다. 이렇듯 인터넷은 고객이 프로슈머가 되어 제품을 고객 자신과 다른 고객들에게 팔게 함으로써 유통 구조에 변화를 일으키고 있다.

차별화된 퀵스타 유통방식

네트워크화 된 모든 산업에서는 퀵스타와 같은 선점자들이 네트워크 효과를 이용하여 수확체증의 법칙을 실현하고 '승자독식'의 이익을 챙긴다. 즉 이들 선점자는 과거의 낡은 전략 체계를 가지고서는 도저히 따라올 수 없는 새로운 사업 전략을 구사함으로써 경쟁우위를 점하는 것이다. 그것은 색다른 볼거리나 서비스 또는 차별화된 유통방식을 통하여 고객에게 특별한 유형의 가치를 전달하는 것이다. 즉 다른 경쟁자들과는 전혀 다르게 행동하는 것으로써 경쟁우위를 점한다.

이것은 거래의 개별화, 맞춤식 생산화, 가정 배달 서비스, 1대 1 포지셔닝3) 등과 같은 인터넷 마케팅 전략의 특징들이 총망라된 것으로써, 퀵스타와 같은 기업들에 의해 완전하게 나타나고 시행된다.

인터넷은 경쟁 측면에서 과거에 구축된 기득권을 간단히 파괴하고 있다. 따라서 과거의 기득권을 토대로 경쟁우위를 확보하려는 접근방식은 지금과 같은 격동적인 변화의 흐름에 막혀

---

3) 포지셔닝(Positioning)이란 소비자의 마음속에 자사 제품의 바람직한 위치를 형성하기 위하여 제품의 이점을 개발하고 커뮤니케이션하는 활동을 말한다. 1972년 광고회사 간부인 알 리스(Al Ries)와 잭 트라우트(Jack Trout)가 처음 도입한 용어로 알려져 있다.

힘을 잃게 된다. 마케팅 믹스[4] 또한 시간, 편리성, 거래의 개별화, 하나의 네트워크화된 경제에서 개별 프로슈머들의 밀착성 등 새로운 가치들에 초점이 맞춰지도록 변화할 것이기 때문이다(이러한 특징들에 대해서는 제7장에서 자세히 언급하기로 한다).

디지털 리더, 퀵스타

소비자들은 몇 개의 선호하는 인터넷사이트에 몰린다. 그 중에서도 일부 사이트들이 점점 대형화가 되면 될수록 사람들은 더 많이 모인다. 그리고 이용자들이 많이 모여들수록 그러한 사이트들은 더 높은 수익을 내고 활용도도 늘어난다. 다시 말해 부가 새로운 부를 창출하는 디지털 자본주의의 생리 대로 더 많은 이용자들이 몰려드는 것이다.

인터넷은 부(富)를 폭발적으로 증가시킨다. 왜냐하면 인터넷은 판매자와 구매자를 매우 효율적으로 연결시키기 때문이다. 이와 같은 현상은 판매자와 구매자가 서로 분리되어 있던 과거

---

4) 마케팅 믹스(Marketing Mix)란 기업이 마케팅 목표에 따라 설정한 시장 표적에 마케팅 활동을 집중시키기 위해서 사용하는 모든 투입변수 등을 해당 기업의 환경과 상황에 맞게, 마케팅 효과가 극대화되도록 배합하는 마케팅 전략을 말한다. 전통적인 마케팅 믹스의 기본 요소로는 상품이나 서비스(Product), 판매장소(Place), 가격(Price), 판매촉진(Promotion)이 있으며 이를 흔히 4Ps라고 부른다.

의 방식에서는 불가능한 일이었다. 그리고 이것은 소수의 몇몇 사이트가 비즈니스의 대부분을 차지해버리기 때문에 나머지 사이트들은 거의 가져갈 것이 없는 '승자독식'의 결과를 가져오기도 한다. 하지만 디지털 독점은 사실상 피할 수 없다. 왜냐하면 이용자가 쇄도하는 사이트들은 거의 경쟁자가 없기 때문이다. 즉 어떤 비즈니스 분야든지 한두 개의 사이트들만이 시장을 지배한다.

다시 말해 디지털 경쟁은 시작도 하기 전에 거의 전투가 끝나버린 셈이다. 일단 강력한 리더 기업이 한 분야에서 확고한 입지를 다지고 치명적인 실수를 하지 않는다면, 첫 선점자로서 누리는 이점을 토대로 입지가 확고해지고 감히 넘볼 수 없는 위치를 차지하기 때문이다. 즉 이런 점에서 퀵스타는 모든 전자상거래 분야에서 확실한 리더의 위치를 차지하고 있다.

소비자들은 단지 마우스를 클릭하는 것만으로 인터넷 경제에서 영향력을 행사하고 있다. 그리고 북미지역 경제의 약 70%를 개인 소비가 차지하고 있다. 물론 이 중 5%만이 온라인 시장에서 이루어지고 있긴 하지만, 240조 원이라는 엄청난 규모의 새로운 경제 부문이 폭발하듯 형성됨으로써, 소비자 시장의 관심이 이 새로운 시장으로 집중될 것이다.

산업혁명과 디지털 자본주의

앞에서 논의했던 것처럼 수동식 방직 기계들은 산업경제 이전의 가정 단위 생산방식에 적합했으며, 가족 간의 유대관계를 돈독하게 만들었다. 가족이 한데 모여 손수 실을 내고 직물을 짜서 수익을 얻었을 뿐만 아니라 농장을 운영하고 뒤뜰에 농작물을 경작함으로써 수입을 창출했다. 그리고 이러한 공동의 경제활동을 통해 가족 간의 사랑 또한 견고해졌다. 그러나 후에 증기를 이용한 방직기계가 출현하면서 많은 자본이 필요하게 되었고, 일은 가정에서 분리되어 공장으로 집약되었다.

작업 장소의 변화는 가족 구성원들의 작업 형태도 분리시켰다. 남자들은 보수의 일부를 자신의 몫으로 따로 챙겼다. 그리고 가족 단위의 경제가 침체되면서 가정의 안전성에도 타격을 입었다. 물론 가장 큰 고통을 받은 쪽은 여성들이었다. 직물을 짜는 일이 가장 먼저 기계화됨에 따라 실을 잣던 방직공 여성들은 그녀의 남편들에게 생계를 의존하게 되었고, 그 남편들은 공장을 소유하고 있는 그들의 고용주에게 의존하지 않으면 안 되었기 때문이다.

한 동안 마을 단위의 경제는 예전처럼 지속되었다. 작업자들은 혼자 일하거나 소규모 팀의 형태로 일을 하면서 '주문된' 제품(미리 주문을 받은 제품)을 만들고 정확하게 개인별 고객의 필요에 맞추어 작업을 했다(1800년대 초기까지만 해도 대부분의 소비재들은 여전히 가내 수공업의 형태로 만들어졌다). 그러나 교통망이 발달하면서 가내수공업과 지역별 자급자족 형태의 일거리들은 신속한 교통망을 이용한 소매업의 인기로 사양길에 접어들었다. 이는 1820~1850년 사이에 소매점포의 수를 엄청나게 늘리는 결과를 낳았다. 이로 인해 생산자와 소비자는 더욱 분리되었으며, 백화점의 성장은 비즈니스의 중심을 대도시 지역으로 이동시켰고, 그 과정에서 지방의 소규모 점포상과 재래시장이 큰 타격을 입게 되었다. 공장에서 생산된 제품들은 가내 수공업 제품들을 철저하게 짓밟아 초토화시켰다. 그 대표적인 제품으로는 옷, 직물류, 가구류뿐만 아니라 잼, 피클, 과자, 빵, 유제품 등이 포함되어 있었다.

산업혁명은 생산물의 생산 장소, 생산 방법, 유통, 소비형태를 변화시켰고, 생산의 주체도 변화시켰다. 그리고 공장의 출현은 생산과 소비에 들어가는 비용을 크게 변화시켜 비즈니스 모델을 바꾸고 산업자본가의 전성시대를 열어 주었다. 그런데 지금까지 언급했던 산업혁명으로 인한 메가톤급의 변화가 이번에는 인터넷 혁명에서 똑같이 일어나고 있다. 인터넷 혁명은 경제 구조를 산업혁명 이전의 형태였던 가정 중심 경제로 되돌리고 있기 때문이다. 즉 인터넷의 세계는 네트워크 방식으로 사업을 하는 사람들에게 디지털 자본주의가 주는 막대한 부를 손에 넣을 수 있도록 새로운 기회의 시대를 열어주고 있다.

네트워크 효과와 프로슈머

1989년에 출간한 『G세력(G-Forces)』에서 이미 예측했던 것처럼, 미국 경제는 1993년부터 시작하여 적어도 2020년까지는 계속될 강력한 '슈퍼 붐'의 국면에 접어들었다. 때문에 **인터넷은 일찍이 전례를 찾아볼 수 없는 부의 창출에 심대한 경제적 영향력을 미칠 것이다.** 이와 같은 번영의 물결은 무어의 법칙에 따른 생산성 이득과 급속히 성장하는 인터넷의 네트워크 효과로부터 비롯된 것이다. 즉 이러한 성장은 효과를 더욱 배가시키는 인터넷 전자상거래에 의해 보다 촉진될 것이다.

새로이 접속하는 소비자가 늘어날 때마다 모든 인터넷 소비자들이 공유하는 네트워크의 가치 또한 증가한다. 소비자의 모든 행동이 집합적으로 일어나기 때문에 더 활발한 활동이 이루어지고, 더 빨리 정보를 습득하며, 아이디어를 공유하고, 더 빠르게 혁신함으로써, 네트워크 경제가 기하급수적으로 성장하기 때문이다.

그 대표적인 사례가 인터넷 경매 사이트인 '이베이(e-Bay:미국의 중고 인터넷 경매 회사)'다. 즉 인터넷 가내 경제에서는 모든 소비자들이 동시에 생산자가 됨으로써 부를 창출하는 프로슈머가 된다.

가내 경제로 돌아가는 인터넷 혁명

미디어의 권위자인 마셜 맥루한(Marshall McLuhan)은 이미 오래 전에 이렇게 예견했다.

"컴퓨터를 통해 우리는 가내 경제로 돌아가고 있다. 여기에서의 경제활동은 아무리 작은 오두막집이라도 가능하며 또한 지구촌 어디라도 가능한 일이다."

맥루한의 가내 경제학(Cottage Economics)이라는 개념은 매우 적절한 표현이다. 왜냐하면 '경제'라는 단어의 어원은 결국 그리스 어로 '가계'를 뜻하기 때문이다.

가정에 기반을 둔 인터넷 사업자들 덕택에 북미지역 가정의 생활과 경제는 부흥기를 맞고 있다. 그리고 북미 대륙 전체에 걸쳐 수천만 명이 '새로운 기회를 잡자' 라는 의지를 불태우고 있다. 그 기회란 다름 아닌 가정에서 얼마든지 할 수 있는 '인터넷을 통한 기회' 를 의미한다.

북미지역에서는 매 11초마다 누군가가 신규 재택 비즈니스를 시작한다. 그리고 이것을 1주일로 계산하면 매주 5만 명의 신규 재택 사업자들이 탄생하고 있다는 의미가 된다. 즉 이들과 함께 가면 미래의 물결을 타는 것은 시간문제가 될 것이다.

> 북미지역에서는 매 11초마다 누군가가 신규 재택 비즈니스를 시작한다. 그리고 이것을 1주일로 계산하면 매주 5만 명의 신규 재택 사업자들이 탄생하고 있다는 의미가 된다. 즉 이들과 함께 가면 미래의 물결을 타는 것은 시간문제가 될 것이다.

섬유혁명이 일어났던 예전의 상황과 지금을 비유해 보자. 인터넷이 주도하는 오늘날의 경제와 마찬가지로 당시에도 누구든지 간단한 기술과 적은 돈을 가지고 약간의 위험을 감수할 준비만 되면 돈을 버는 기회가 있었다. 심지어 엄청나게 가난한 가정에서조차 그다지 어렵지 않게 적어도 베틀 한 대는 구입할 수 있었다. 그러나 베틀이 점점 복잡해지고, 초기 모델보다 생산성이 높아지면서, 가격도 따라 비싸졌다. 작년 산 기계가 무용지물이 되었다. 하지만 생산성 때문에 새 베틀에 대한 수요는 매우 높았고 대부분의 가정은 몇 대씩 베틀을 갖게 되었다. 새로운 기술은 그것을 보유하지 못한 사람들에게는 위협적인 존재였다. 이는 오늘날의 PC와 인터넷에 있어서도 마찬가지다. 적어도 **PC 한 대조차 없는 가정이 있다면 그 가정은 역사상 가장 큰 돈벌이를 할 수 있는 기회를 놓치기 때문이다.**

혁명적 기술은 경제적 가치뿐만 아니라 생산자와 소비자의 역할까지 크게 바꾼다. 오늘날의 인터넷 사업자들은 온라인 PC가 그들 자신과 가족을 위해 지속적으로 성장하는 부의 웹 망을 짜낼 훌륭한 '황금 베틀'임을 잘 알고 있다.

가족 단위 사업체의 등장

가정은 미래가 숨쉬고 있는 곳이다. 일터가 가정으로 되돌아옴에 따라 결혼을 하고 가족을 이루는 것이 경제활동을 하는데 큰 역할을 하게 된다. 이에 따라 대부분의 가정이 합법적인 기업 활동을 하는 최소 경제 단위가 될 것이다. 가족이 함께 벌어들인 수입은 유대관계를 더욱 견고히 하고 이혼율을 줄이는 데도 일조할 것이다.

경제적 가치에 초점이 맞춰진 '가족가치'를 중시하는 움직임은 빠르게 확산되고 있다. 아이들을 보살피고, 학교생활을 하며, 노인들을 보살피고, 대학 교육을 인터넷으로 받는 등 외부에서 하던 일이 가정으로 바뀌고 있다. 또 가족 구성원들은 가정 경제활동을 통해 자신과 배우자의 노년의 삶을 위해 재정적 기반을 확보하고, 나아가 지역 공동체에 재정적 지원도 하고 싶어 한다.

이렇듯 인터넷을 통한 가족 사업은 회사와 가족이 완전히 하나가 되는데 크게 기여한다. 과거에는 기업 소유주들이 회사가 가족 사업체와 하나가 될 수 있다는 사실 자체를 인식하지 못했거나, '엄마와 아빠'라는 이미지를 떠올린다는 이유로 가족 개념 자체를 부인하려 했다. 그러나 오늘날에는 점점 더 많은 가정이 그들의 가족 사업을 하나의 기업으로 인식하고, 그러한 기업을 소유한 데 대해 매우 기쁘게 생각하고 있다.

인터넷 사업은 모든 사람들에게 컴퓨터 모뎀과 작은 야망만 갖추면 누구든 '컴퓨터 소매업'을 할 수 있는 기회를 활짝 열어 놓았다.

인터넷 이용자가 인터넷의 매력에 빠져 어느새 인터넷 사업자로 탄생하는 현상이 인터넷 혁명의 핵심이다. 이것은 2005년까지 전 세계적으로 약 10억 명이 온라인에 접속하는 결과를 가져올 것이다. 그리고 2010년에 이르면 그 수는 20억 명으로 두 배나 증가할 것이다. 또 이들 모두가 각각의 개별적인 가족 경제 단위를 구성할 것이다.

자! 한번 생각해 보자. 20억 개의 가족 단위 사업체들에 40~50억 명의 평생 인터넷 쇼핑 고객들이 접속되어 있고, 이들이 모두 퀵스타 인터넷사이트를 통해 쌍방향 커뮤니케이션을 하고 있는 상황, 실로 너무나 놀라운 사실이 아닌가!

제 3 장

디지털 가족과 인터넷 라이프스타일

인 터 넷 혁 명 의 사 회 적 변 화

1997년 중반, 마이크로소프트의 빌 게이츠 회장은 북미 사람들의 절대 다수가 늦어도 2007년까지는 인터넷 라이프스타일을 영위할 것이라고 예견했다. 그리고 현재 그의 예견은 정확히 맞아 떨어지고 있다. 결국 마이크로소프트사는 '닷넷전략[5]'에 수 조 원을 투자하고 있다. 그러나 이 모든 것들이 빌 게이츠의 예견처럼 그렇게 빨리 이루어질 수 있을까? 사실 빌 게이츠 자신도 단기적 상황이 얼마나 달라질 것인가에 대해 우리가 과대평가하는 경향이 있다고 말한다(우리가 나스닥 지수의 '거품'을 경험한 것도 이런 이유 때문이다). 또 10년 내에 상황이 얼마나

---

5) 닷넷 전략(Net Strategy)이란 언제 어디서나 사용자가 원하는 정보를 얻을 수 있는 시스템 구축 전략으로, 3가지 프로젝트(닷넷 프레임 워크, 닷넷 언어와 언어 도구, 닷넷 엔터프라이즈 서버)로 구성되어 있다.

달라질 것인가에 대해서도 종종 지나치게 과소평가한다고 지적한다.

한 가지 분명한 사실은 우리는 지금 역사적인 전환점에 와 있으며, 사회적으로나 가정적으로 매우 중요한 시점에 있다는 것이다. 즉 '인터넷 혁명'은 현재 우리가 서 있는 지축을 흔드는 대사건으로 우리 삶의 방식을 급속도로 재편하고 있다. 우리는 지금 구시대의 낡은 삶이 붕괴되고 새로운 삶이 태동하는 전환기에 살아가고 있다.

우리 모두는 곧 디지털 신대륙에서, 과거보다 훨씬 환상적인 방식으로 살아가게 될 것이다. 오늘날의 저소득층 사람들도 텔레비전과 CD 플레이어는 가지고 있듯이 부자와 가난한 사람 모두가 인터넷에 접속할 것이다. 그리고 텔레비전만큼이나 값이 싼 PC를 보유하게 될 것이다. 따라서 만일 인터넷을 사용하지 않는 사람이 있다면 그는 금방 도태될 것이다.

2005년에 이르면 인터넷은 일상생활에서 언제 어디서나 들을 수 있는 전화의 '신호음'처럼 진화할 것이다. 그것은 낯설고 이례적인 것이 아닌 마치 이 세상을 지배하는 룰처럼 생활 전반에 폭넓게 뿌리내릴 것이다. 그리고 모든 가정이 주소, 우편번호, 전화번호를 갖고 있는 것처럼 자신의 홈페이지를 갖게 될 것이다.

인터넷은 개인의 생활공간을 작은 거실에서 지구 전체로 넓히고 있다. 컴퓨터를 켜면 바로 눈앞에서 전 세계가 펼쳐진다. 그리고 그 세상은 모두 우리의 것이다. 이제 우리는 컴퓨터를 통해 전화로 하는 것보다 훨씬 수월하게 전 세계의 어떤 사람과도 의사소통할 수 있다. 우리는 인터넷을 통해 가까이에 있는 가족뿐만 아니라 이 세상 모든 사람과 쌍방향 통신 및 상거래를 할 것이다. 또한 모든 서신, 계산서, 제품 매뉴얼, 카탈로그, 가족사진, 비디오 자료를 포함한 모든 것들이 디지털로 바뀌고 있다.

인터넷 라이프스타일의 등장

인터넷을 사용함으로써 기존의 생활방식에 '대반전' 현상이 나타나고 있다. 인터넷 시대에는 구태여 직장에 '출근' 할 필요가 없어진다. 집안에 마련되어 있는 사무실에서 인터넷 PC나 인터넷폰과 마주하는 순간부터 업무는 시작된다. 이는 군이 학교에 '등교' 하거나, 은행에 가거나, 비디오 대여점에 갈 필요를 없앤다. 즉 우리가 물리적으로 갈 필요가 없는 곳이면 어디든지 가지 않아도 된다. 우리나 우리 가족이 어디에 있든지 모든 상황이 인터넷을 통해 제공되기 때문이다.

인터넷은 업무, 교육, 쇼핑, 여가활동 등의 분야에서 지구촌이 하나로 통할 수 있는 길을 만들었다. 손가락 끝으로 지구촌 전역이 통하는 데이터베이스를 구축함으로써, 가정에서 자녀들의 숙제를 해결하고, 국경 없는 인터넷 쇼핑을 하며 지구촌 어디에 있든 전자 업무를 보고, 친구, 친지, 동료들과 연락을 주고받을 수 있게 되었다.

오늘날 대부분의 사람들이 습관적으로 라디오, 텔레비전, 신문에 시선을 돌리듯 인터넷을 즐기는 수백만 명의 사람들 역시 이미 인터넷을 일상적으로 이용하며 하루에도 몇 번씩 날씨나 교통상황, 뉴스, 스포츠 등을 확인한다. 또 그들의 자산관리나 주식거래, 세금관리를 위해 인터넷을 이용하며, 꽃이나 책, 음반, 장난감, 옷, 비행기 티켓, 심지어 자동차까지 인터넷을 이용해 구입하고 있다. 달리 말하면, 이미 수백만 명의 북미지역 사람들은 인터넷으로 우체국을 이용하고, 전화를 이용하고, 은행에 가고, 쇼핑하고 있다.

만일 오늘날 누군가가 당신에게 왜 전화를 걸고, 왜 텔레비전을 보며, 왜 자동차를 운전하고, 쇼핑을 하느냐고 묻는다면, 그 사람이 정신이 나간 사람이라고 생각할 것이다. 이미 전화나 텔레비전, 차를 이용하고 쇼핑을 하는 것은 제2의 본능처럼 되어 버렸기 때문이다. 이러한 행위들은 우리의 삶에 있어 없어서는 안 되는 삶 그 자체가 된 것이다.

 2005년이 되면 우리들 대부분은 인터넷을 삶의 한 부분으로 당연히 받아들이게 된다. 즉 인터넷의 존재가 너무도 당연해서 존재 자체에 대한 인식도 하지 못할 것이다. 인터넷을 통해 쇼핑, 교육, 의료, 엔터테인먼트, 통신 등과 관련된 활동을 하고 돈을 버는 것은 일상생활이 될 것이고, 인터넷사이트는 매우 정교하고 첨단화되어서 이를 통해 쌍방향 커뮤니케이션을 하는 것은 가장 자연스런 삶이 될 것이다. 이는 지금 우리가 승용차나 전자레인지, 토스터, 전화에 대해 생각하는 것처럼 느껴질 것이고, 앞으로 10년 안에 컴퓨터도 당연히 '사라질' 것이다.

 진정으로 효용 가치가 높은 기술들은 항상 가정으로 들어가 집안을 구성하는 '가구의 일부분'이 된다. 그래서 전화기는 항상 침대 머리맡에 있어야 한다는 30년 전의 생각은 이제 우스운 것이 되어 버렸다. 지금은 전화기가 화장실에도 걸려 있는 세상이다. 비록 그것이 휴대폰이 되었든, 자동응답기가 되었든, 팩스, 모뎀이 되었든, 컴퓨터가 되었든, 일단 새로운 기술이 가정에 들어오게 되면 편리성 측면에서 봐도 그렇고, 외부 세계와의 접촉 방식에서, 우리의 삶 자체로 봐도, 우리의 의식 구조를 완전히 바꿔 놓는다.

10대들의 방을 몰래 들여다보라. 그러면 앞으로 전개될 미래의 단면을 엿볼 수 있다. 오늘날의 10대들처럼 우리 모두가 텔레비전보다 PC와 더 많은 시간을 보내게 될 것이다.

모든 측면에서 볼 때 디지털이 우리의 가정으로 들어오는 통로는 언제나 생생하게 '살아' 있을 것이다. 즉, 우리는 삶의 모든 부분에서 항상 인터넷과 연결되어 세상 사람들과 실시간으로 의사소통할 것이다. 디지털은 우리 일상생활의 모든 면에서 세상과 의사소통할 수 있도록 언제나 연결되어 있는 길이다. 그리고 이와 같은 현상은 앞으로 우리의 학습방법, 업무형태, 놀이문화, 쇼핑문화, 돈의 지불방식 등을 크게 바꾸어 놓을 것이다. 우리는 디지털로 구축된 네트워크 가족이 될 것이기 때문이다.

디지털 네트워크, 디지털 가족

소위 핵가족 사회에서는 사생활과 사회생활, 즉 가정과 외부 세계 사이에 분명하고도 엄격한 경계선이 설정되어 있었다. 그러나 네트워크를 토대로 한 미래의 가족 형태는 많이 다를 것이다.

　네트워크화 된 세상에서 가족은 사람들끼리의 네트워크로 간주되어야 한다. 대개는 친척들이 지역적으로 여기저기 흩어져 살기 때문에 갈수록 많아지는 가족들이 함께 모여 새로운 가족의 탄생을 축하하거나, 소식이 끊겼던 친척을 찾거나, 결혼식이나 집안 행사를 치르고, 집안 사람의 죽음을 애도하기 위한 모임 장소로 인터넷을 이용하고 있다. 즉 우리는 이미 홈페이지나 이메일을 이용해 연하장을 보내기도 하고, 예쁜 아기의 사진을 올리기도 하며, 결혼식 사진을 올리는 일들을 하고 있다.

　지금 인터넷은 따분한 텔레비전을 밀어내고 가족이 한데 모이는 따뜻한 화덕의 자리를 차지하고 있다. 그리고 실제로 우리는 디지털이 화덕을 대신하는 시대를 맞이하고 있으며, 그 결과 가정의 룰이나 관습이 바뀌고 있다. 예를 들면 인터넷 자체가 중심이 되어 가족 간의 접촉이 계속 이루어지게 하는 사회적인 기능을 수행할 것이다. 한 집에 사는 가족들이 서로에게 이메일로 메시지를 보낸다. 왜냐하면 종종 가족 간에도 집에 있는 시간이 서로 다르기 때문이다. 물론 가족들은 앞으로 더 많은 시간을 집에서 함께 보내게 되겠지만, 친척까지 포함하는 보다 광범위한 가족 간의 커뮤니케이션은 인터넷을 통해 이루어질 것이다.

가족 중심의 인터넷 라이프스타일

인터넷 혁명은 과거 농경시대가 그랬던 것처럼 우리의 가족 구조를 가정 중심의 구조로 돌아가게 한다. 즉 과거에는 아이들의 교육이 집에서 이루어졌고, 집안에 환자가 발생하면 집에서 치료하고 보살핌을 받았다. 그러다가 산업혁명 이후부터는 빠른 속도로 일터가 공장으로 옮겨졌고, 더 시간이 지나자 공장처럼 생긴 사무실로 옮겨졌다. 그리고 아이들 역시 공장처럼 생긴 학교에서 교육을 받았고, 아프면 공장처럼 생긴 병원에서 치료를 받았다. 또 노인들은 공장처럼 생긴 양로원에 맡겨졌다.

이처럼 산업사회에서 흔히 볼 수 있었던, 남편은 나가서 생활비를 벌어오고 아내는 집안에서 살림을 하고 아이를 돌보는 형태의 가족 시스템은 이제 역사의 한 페이지로 남게 될 것이다. 그래서 '직장이 먼저고, 가정은 나중에' 라는 관념 역시 남편 한 사람의 월급봉투에 의존하던 때나 가능했던 생각으로 정리될 것이다.

'일-가족 분리' 라는 개념은 인터넷 혁명이 가정을 다시 사회의 중심으로 만들어 놓음으로써 '일-가족 통합'이라는 개념으로 바뀌고 있다. 그래서 재택 업무는 일과 가정의 분리라는 개념을 희석시켰을 뿐만 아니라, 직장에 목을 매던 직장 중심주의를 새로운 가족의 역할을 중시하고 더 풍요로워진 개인의 자유를 누리도록 하는 풍조로 바꾸어 놓았다.

제2차 세계대전 이후, 여성이 다시 일터로 나오면서 남녀의 역할이 바뀌기 시작했다. 가사 업무의 상호 분담이 이루어지고, 맞벌이 가정이 늘어났다. 이에 따라 균형 있는 삶을 위해 '일과 가정의 조화'라는 욕구를 만들었다. 그러나 2001년에 실시된 한 여론조사 결과를 보면, 북미지역 사람들 가운데 단지 56%만이 일과 삶의 균형을 이루며 살고 있다고 응답했다. 그리고 68%는 할 수만 있다면 일하는 시간을 줄이고 싶다고 응답했다. 특히 9·11 테러와 2001년 경기 침체 이후로는 자기 자신과 가족을 지키기 위해서라도 집에서 일하려는 사람들이 점점 많아지고 있다.

분명한 것은 한때 종업원과 고용주를 연결해 주던 충성의 끈이 끊어졌다는 사실이다. 이제 사람들은 자기 자신과 가족을 위해 더 많은 관심과 자율권이 주어지기를 기대하며 또한 그것을 요구하고 있다. 그들은 이제 직장에 출근해야 한다는 것을 지긋

지긋해하고 있다. 그래서 새로운 방식의 삶과 일의 패턴이 등장함에 따라 사람들은 직장 동료들과 함께 나누던 관심사나 활동들을 가족과 함께 할 수 있는 관심사나 활동으로 전환하고 있다. 텔레비전과 같은 대중매체들은 여전히 일부 사람들이 원하는 직장생활 중심의 볼거리들을 제공하고 있지만, 인터넷은 사람들로 하여금 자기 가족의 경제적 관심사에 눈을 돌리게 한다.

인터넷을 많이 이용하는 가족일수록 그들은 가족의 가치를 무엇보다도 중요시한다고 말한다. 그리고 그들은 가족 간의 정이 매우 돈독하다고 믿는다. 왜냐하면 그들은 항상 함께 있고, 함께 일하며, 함께 놀고, 함께 배울 수 있기 때문이다. 즉 이런 가족의 경우 직장생활과 가정생활은 새로운 생활방식인 '인터넷 라이프스타일' 을 통해 함께 공유되고 연결된다. 이제 가족은 따로 떨어져 성장하는 것이 아니라 함께 있으면서 성장해 간다.

> **직장생활과 가정생활은 새로운 생활방식인 '인터넷 라이프스타일' 을 통해 함께 공유되고 연결된다. 이제 가족은 따로 떨어져 성장하는 것이 아니라 함께 있으면서 성장해 간다.**

가족 중심의 직장과 가정생활이 균형을 이룸으로써 얻어지는 또 다른 이점으로는 다음과 같은 것들이 있다.

예를 들어 쇼핑과 같은 가사 업무와 일의 스케줄 관리가 훨씬 탄력적으로 이루어진다. 아이들의 양육은 과거에 유치원에 보내는 것과는 달리 집안에서 자동적으로 이루어지게 된다. 그리고 가정의 스케줄을 훨씬 탄력적으로 계획할 수 있게 되면서 가족 구성원들은 과거보다 훨씬 많은 시간을 함께 보낼 수 있게된다.

엄청난 파워를 가진 인터넷을 자신의 생활에 훌륭하게 접목시킨 사람들은 이제 진정한 인터넷 라이프스타일을 누리고 있다. 그들은 전화나 자동차가 없는 삶은 생각해볼 수 있을지 몰라도 인터넷이 없는 삶은 상상할 수도 없게 되었다.

미래의 가족 의사소통

앞으로의 가정은 디지털로 무장하게 될 것이다. 디지털 가정은 흔히 말하는 소위 '서버' 컴퓨터를 갖추게 될 것이고, 기본적으로 이 서버 컴퓨터는 마치 전기 배전반이나 전화 단자함처럼 가정의 벽장이나 다용도실 또는 지하실에 위치하게 될 것이다. 그리고 이 서버는 유선이나 무선으로 하나의 네트워크 시스템을 구축하고 이를 통하여 각 방의 개별 시스템과 연결된다. 이렇게 구축된 시스템은 가정의 중앙 서버와 각 방의 모든 개별 기기로 들어오고 나가는 멀티미디어 통신 흐름을 모니터하며 통제한다. 또한 별도 유선 방식의 데스크 탑 PC와 노트북이나 인터넷폰 같은 무선 휴대용 기기들이 이 서버를 통해서 통신할 것이다.

이 밖에도 응용할 수 있는 대표적인 것들로는 인터넷 접속, 원격근무, 원격학습, 원격진료, 화상전화, 가전제품 자동관리, 보안시스템, 전원 자동관리, 전기, 수도 등의 계량기 자동검침, 맞춤형 오락 프로그램, 인터넷 쇼핑, 각종 금융서비스, 공과금 자동납부 등 이루 헤아릴 수 없이 많다. 그리고 집안 여기저기에 위치해 있는 다양한 크기의 사각 스크린들이 당신의 가족을 외부 세계와 연결시켜줄 것이다. 그러면 당신은 이 스크린을 통하여 오직 음성 명령만으로도 인터넷 쇼핑이나 영화감상을 할 수도 있으며, 먼 거리에 있는 할머니에게 "안녕하세요" 하고 인사말을 건넬 수 있다.

가족 구성원들은 가족끼리 또는 세계 전역에 있는 생면부지의 사람들과도 서로 어울려 다양한 게임을 즐길 것이다. 골퍼는 가상현실 체험기를 설치해 놓고 마치 실제로 하는 것처럼 느껴지는 스윙 연습을 통해 실력을 향상시키고, 더 나아가서는 PGA 프로선수들과 마치 실제로 시합을 하는 것처럼 실력을 겨

뤄 보기도 한다. 이 모든 것들을 방에서 한 발자국도 발을 떼지 않고 할 수 있게 된다. 또한 가족들은 실제로 거리에 나가 쇼핑을 하는 경우를 제외하고는 집안에서 식구들과 함께 편안하게 '쇼핑하러 갈' 것이다.

훌륭한 쇼핑 도우미, 인터넷 냉장고

거실과 이어져 있는 주방은 앞으로 가족 의사소통의 허브 역할을 할 것이다. 주방에 들어가 간단한 음성 명령만 내려도 가족과 친구들로부터 온 화상 메시지를 주방의 천장이나 찬장, 또는 냉장고에 달려 있는 화면을 통해 볼 수 있기 때문이다. 그러면 당신은 그 즉시 그들이 지금 어디에 있고 저녁 식사를 하러 언제 집에 돌아올지 금방 알게 된다. 동시에 이 시스템은 당신에게 온 팩스 메시지, 이메일 메시지, 전화 메시지, 화상을 통한 방문자 메시지 등을 큰 소리로 읽어줄 것이다. 당신은 이 메시지를 듣고 마음 내키는 대로 저장하거나, 인쇄하거나, 삭제할 수 있다.

인터넷 냉장고는 현재 냉장고 안에 들어있는 품목을 모니터하여 전자 식료품 리스트를 뽑아낸다. 그러면 당신은 간단하게 버튼을 누르거나 음성 명령을 내려서 이 전자 리스트를 음식 배달 업체로 송신할 수 있다.

또한 냉장고는 우유나 다른 유제품들이 언제쯤 다 떨어질 것인지를 미리 알려주고, 당신의 인터넷폰에 음성 메시지를 보내서 집에 돌아오는 길에 더 구입해야 할 품목들이 무엇인가를 상기시켜 주기도 할 것이다. 그리고 심지어 이 영리한 냉장고는 썩기 쉬운 식품의 유통기한이 다가오면 그 사실을 알려주기까지 한다.

그러나 만약 당신이 세상이야 어떻게 돌아가든 말든 집요하게 가까운 동네 슈퍼마켓으로 물건을 사러 간다면 예전처럼 계획 없는 쇼핑과 충동구매를 하는 대신 똑똑한 인터넷 냉장고가 미리 당신의 인터넷폰에 송신해 준 식품 리스트만을 기준으로 슈퍼마켓을 돌아다니고 필요한 물건을 구입하게 될 것이다. 그리고 냉장고 안에는 작은 소형 카메라가 부착되어, 인터넷폰을 통해 실시간으로 냉장고 안의 내용물을 훤히 들여다 볼 수도 있게 될 것이다.

당신은 인터넷폰을 이용하여 상품별 바코드를 검색함으로써 가격 비교를 해볼 수 있다. 이때 당신은 그 자리에서 물건을 바로 구입하거나 또는 간단히 버튼을 클릭해서 주문을 하고 당신이 원하는 전자 소매점에 온라인 결제를 하고 집까지 자동으로 배달되도록 할 수 있다. 그래서 인터넷폰을 능숙하게 이용할 줄 아는 쇼핑객들은 모바일 전자상거래가 가능한 이곳저곳을 자유 자재로 휘젓고 다니면서 인터넷 서핑을 즐기게 된다. 특히 이벤트 티켓이나 책, CD, 꽃, 선물, 건강 및 미용 아이템, 휘발유 가격, 통행료, 패스트푸드 코너 등을 집중적으로 방문해 필요한 정보를 얻을 것이다.

인터넷이 쇼핑 관행을 길거리의 가게에서 책상 위의 컴퓨터로 옮겨 놓았듯, 모바일 전자상거래는 지불 방법을 다시 옛날과 같은 손지갑으로 되돌려 놓았다. 다만 전자지갑인 인터넷폰이 손지갑을 대신할 뿐이다. 그리고 이 전자지갑 구실을 하는 인터넷폰은 일종의 리모컨 역할을 함으로써 멀리 떨어진 곳에서도 얼마든지 계산을 할 수 있게 된다. 즉 이 모든 것들이 앞으로 우리가 살아갈 인터넷 라이프스타일의 모습이다.

수백만 명의 사람들은 이러한 쇼핑 도우미가 하루 빨리 나타나기를 가만히 앉아서 기다리지는 않는다. 그들은 이미 온라인 상에서 클릭 한 번으로 행복한 쇼핑을 즐기며 간편한 생활을 만끽하고 있기 때문이다.

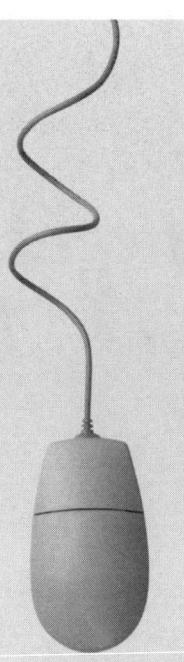

제2부

인터넷 쇼핑과
퀵스타 소비자

제4장 ● **인터넷 쇼핑과 자동 배달 주문 시스템**: 쇼핑 트렌드의 변화

제5장 ● **주류로 부상하는 인터넷 쇼핑과 미래의 소비자**: 미래의 퀵스타 고객

'기회의 측면에서 볼 때, 모든 쇼핑객들이 평등하지는 않다.'

이 책의 제2부는 2개의 장으로 구성되어 있다. 첫 번째 장에서는 전반적인 인터넷 쇼핑 트렌드에 관해 설명하고, 두 번째 장에서는 미래의 퀵스타 소비자들에 대해 언급한다. 일부 제품과 서비스는 다른 것들에 비해서 온라인에서 쇼핑하거나 판매하기에 훨씬 적합하다. 그러나 앞으로 차차 알게 되겠지만 퀵스타는 인터넷 쇼핑 제품군 가운데서도 '불티나게 잘 나가는' 품목에서 우위를 차지함으로 입지를 굳히고 있다. 동시에 일부 유형의 쇼핑객들은 다른 사람들보다 인터넷 쇼핑을 더 즐긴다. 퀵스타 비즈니스에서 성공하기 위한 열쇠는 미래의 전망 있는 고객들이 누구인가를 인지하고 온라인에서 그들이 '클릭 하도록' 만드는 것이다.

제 4 장

인터넷 쇼핑과 자동 배달 주문 시스템
쇼 핑 트 렌 드 의 변 화

매 순간, 매 7초마다 새로운 누군가가 태어나서 처음으로 온라인을 통해 쇼핑한다. 그리고 그 후 계속해서 그들은 온라인을 통해 쇼핑을 하게 된다.

인터넷 혁명의 물결이 격랑처럼 밀려옴에 따라 인터넷 쇼핑은 막강한 힘을 얻고 있다. 그리고 제6장에서 다시 보게 되겠지만, 퀵스타가 이와 같은 인터넷 쇼핑을 주도하고 있다.

자! 이제 여러분 자신에게 한 번 물어보라. 다음 중 어떻게 하는 것이 더 좋을까?

* 아이들을 데리고 가게에 가서 물건이 가득 실린 카트를 밀며 사람이 바글바글한 통로를 헤집고 위로 아래로 다닌다. 그리

고 계산대 앞에서 길게 줄을 서고(이때쯤이면 필경 아이는 녹초가 되어 있을 것이다), 모든 물건을 집까지 낑낑대며 나른다. 어쩌면 이렇게 하는데 족히 3시간은 필요할지 모른다.

그러나 이렇게 하지 않고 만약 당신이,

• 가게에서 직접 쇼핑 목록을 작성하는 것보다 더 빠르게 마우스를 이용해 온라인상에서 구입한 물건들을 쇼핑 카트에 담는다. 그리고 아이와 함께 온라인에서 바로 계산을 하고, 당신이 원하는 시간에 집 앞 대문까지 그 물건들이 도착하게 한다.

이러면 신경 쓸 일이 없지 않은가?

인터넷은 빠른 속도로 쇼핑객들의 천국이 되어 가고 있다. 그리고 인터넷은 사람들의 구매 방식뿐만 아니라 구매 횟수, 구매 시기, 구매 품목, 구매 이유, 구매 장소 등 모든 것을 변화시키고 있다. 2010년에 이르면 대다수의 사람들이 인터넷 쇼핑을 이용하게 될 것이며, 『미래의 닷컴 소비자』에서 예견했던 것처럼 그때쯤에는 소매 판매의 약 30%를 인터넷이 차지하고 있을 것이다.

또한 퀵스타 '프로슈머'가 된 사람들은 거의 모든 물건을 바로 자기 자신이 운영하고 있는 온라인 상점에서 구입하게 될 것이다.

급성장하는 인터넷 쇼핑

산업혁명 이전에는 사실 어떤 종류의 상점도 찾아보기 힘들었다. 대부분의 사람이 직접 곡식을 재배했고, 닭이나 돼지를 직접 키워 베이컨을 손수 만들었으며, 자신이 키우는 소에서 우유를 짰고, 직접 빵과 과자, 잼과 통조림을 만들었다. 그리고 직접 옷을 재단하여 바느질을 하고 손수 뜨개질을 해서 옷을 짜 입었다. 즉 그 시대의 사람들은 스스로 생산해서 소비하는 '프로슈머'들이었다. 또 그들 중에는 농부가 아닌 사람들조차도 바로 이웃의 농장에서 직접 필요한 물건을 구입했다.

그런데 앞에서 언급했던 것처럼 공장을 기반으로 하는 경제가 출현하면서 이 모든 것들이 변화하기 시작했다. 거리에는 고급스러운 가게들이 들어섰고, 대형 쇼핑몰들이 생겨났다. 그런데 이번에는 인터넷이 이 모든 것을 다시 바꾸고 있으며, 9·11 테러 사건이 그러한 변화를 더욱 가속화시켰다. 그 결과 오늘날 미국의 전체 쇼핑객들 가운데 11%는 위험을 무릅쓰고

거리의 쇼핑몰로 가는 대신 집안의 인터넷 쇼핑몰에서 휴일 쇼핑을 한다.

2000년에 있었던 닷컴기업의 몰락에도 불구하고 2000～2001년 연말연휴 쇼핑시즌 동안 많은 사람들이 온라인으로 몰려들었다. 2000년의 연휴 시즌에만 약 2000만 명의 북미지역 사람들이 인터넷 쇼핑에 1인당 평균 약 40만 원씩을 지출하여 전체적으로는 8조 원을 썼으며, 이 수치는 1999년 연휴기간 동안 사용한 액수의 2배에 달하는 것이었다. 또한 2001년 연휴시즌에는 북미지역 인구의 약 10%에 해당하는 3200만 명이 인터넷 쇼핑을 통해 1인당 평균 48만 원씩, 전체적으로는 15조 3600억 원을 지출했다.

이들 3200만 명 가운데 약 800만 명은 태어나서 처음으로 인터넷 쇼핑을 해본 사람들이다. 그리고 앞에서도 말한 것처럼 북미지역 사람들 중에 인터넷 사용자의 약 58%, 즉 7000만 명이 온라인을 통해 제품을 구입했는데, 이는 2000년 말의 49%보다 9%포인트가 더 높아진 수치였다. 또 연휴기간 동안에 온라인 구매를 한 경험이 있는 소비자의 80%가 온라인에서 쇼핑을 함으로써 1～8시간의 시간 절약을 할 수 있었고, 평균적으로는 1인당 적어도 4시간의 시간 절감 효과가 있었다고 응답했다.

습관을 바꾼다는 것은 결코 쉬운 일이 아니지만, 사람들은 조금씩 자신의 쇼핑 습관을 바꿔가고 있다. 때문에 보다 많은 사람들이 인터넷 쇼핑이 지니는 시간 절약성이나 편리성, 신변 안전성 등을 경험하면 할수록 온라인을 통한 매출은 성장할 수밖에 없다.

2001년 말까지 계속된 인터넷 쇼핑의 급성장으로, 인터넷 쇼핑이 과연 제대로 정착할 수 있을 것인가에 대한 논쟁은 종지부를 찍었다. 따라서 다가오는 향후 몇 년 동안 인터넷 쇼핑은 본격적으로 본궤도에 진입할 것이고, 그 결과 전체 소매시장 매출에서 인터넷 쇼핑이 차지하는 비중 역시 높아질 것이다(2001년에만 약 108조 원이 인터넷 쇼핑에 쓰였고, 이는 2000년 수치의 2배에 달하는 금액이었다).

온라인 판매는 2003~2005년 사이에 가장 빠른 속도로 급성장하고 있다. 따라서 2010년이면 약 1200조 원의 매출을 올릴 것으로 예상된다. 그리고 그 때가 되면 인터넷 시장의 규모는 지금의 약 100배에 달하게 될 것이다. 그렇게 되면 인터넷 서핑을 할 수 없거나 하지 않으려는 사람들은 초고속 인터넷의 거센 물결에 휩쓸려 떠내려가게 될 것이다.

새로운 쇼핑 공간, 인터넷

　전자상거래가 주는 혜택은 그것을 가장 먼저 끌어안는 사람에게 가장 빠르게 돌아갈 것이다. 그리고 마우스를 클릭하면서 행복감을 느끼는 인터넷 쇼핑객들은 세월이 흘러도 고객이 항상 자신의 가게를 찾아올 것이라고 고집스럽게 주장하는 기존의 근시안적인 소매상들을 깜짝 놀라게 할 것이다. 퀵스타와 같은 '전자상거래 선점자' 들이 오프라인 경쟁자들을 따라잡고 있기 때문이다.

퀵스타는 살아남았다. 그리고 더욱 많은 사람들이 인터넷 쇼핑에 매력을 느끼도록 막강한 힘을 과시하는 극소수의 온라인 기업 가운데 하나가 되었다.

　모든 것이 무너져 내릴 때 당신은 주변을 둘러보고 무엇이 쓰러지지 않고 끝까지 서 있는지 확인할 필요가 있다. 과연 누가 살아남아 지금까지 번창하고 있는지 눈을 크게 뜨고 지켜보라.

　퀵스타는 무너져 가는 많은 닷컴기업 중에서도 살아남았다. 그리고 더욱 많은 사람들이 인터넷 쇼핑에 매력을 느끼도록 막강한 힘을 과시하는 극소수의 온라인 기업 가운데 하나가 되었다.

　퀵스타와 같은 온라인 생존자는 나날이 수가 늘어나는 소비자

덕분에 더욱 힘을 얻고 승리자가 되어 가고 있다. 소비자들이 과거보다 더 많은 돈을 온라인 구매에 사용하고 있기 때문이다.

인터넷은 이제 공인된 구매 수단이 되었다. 그래서 소비자는 혹시 인터넷 사용을 중단하거나, PC와 휴대폰을 던져버리고, 자동차 운전을 그만 둘 수 있을지는 몰라도 온라인 구매를 포기할 수는 없게 되었다. 인터넷 쇼핑은 이제 소비자들에게 일상의 삶이 되어가고 있기 때문이다. 게다가 인터넷은 쇼핑 공간 자체를 길거리의 상점으로부터 온라인으로 빼앗아 오고 있다.

인터넷과 연결된 개인용 PC가 곧 상점인 시대, 우리는 이 상점을 얼마든지 비교하면서 쇼핑을 즐길 수 있고, 매우 편리하게 구매할 수 있게 되었다. 또 인터넷 진열장에는 와인에서부터 최신형 자동차에 이르기까지 없는 것이 없이 잔뜩 진열되어 있다. 그리고 이와는 대조적으로 거리에 있는 기존 상점에서의 쇼핑은 한 마디로 말해 고역이다. 차들로 미어터지는 주차장, 사람으로 북적거리는 상점 통로, 추울 때는 코가 얼어붙도록 춥고, 더울 때는 오뉴월 삼복더위, 지칠 대로 지친 다리에 계산대에 죽 늘어서 있는 긴 줄, '재고가 바닥나서' 살 수 없는 제품, 게다가 고객에게는 관심도 없고 극도로 무례하여 대책이 서지 않는 가게 점원들, 실로 보통 고역이 아니다. 물론 이렇게 하는데 흘려버린 당신의 피같이 소중한 시간은 말할 필요도 없거니와……

이런 짜증나는 상황을 탈피해 온라인으로 이동함으로써 당신이 얻게 되는 인센티브는 쇼핑 목적에 관계없이 매우 크다. 이제 당신은 낮이고 밤이고 상관없이 언제든지 당신의 PC를 통해 세계 유수의 기업과 제품들을 검색해 보고 물건을 구입할 수 있다. 인터넷 점포는 결코 셔터를 내리는 일이 없으니까.

인터넷 쇼핑에 적합한 제품

현재 온라인에서 판매되는 제품에 대한 정보와는 아무 상관없이 상식적으로만 생각해도 어떤 종류의 제품이 온라인을 통해 구입하는데 '무리가 없는지' 쉽게 알 수 있다. 분명히 어떤 품목은 다른 제품보다 온라인을 통해 구입하기가 훨씬 쉽기 때문이다. 그리고 이것은 다음의 세 가지 요인과 관련이 있다.

1. 해당 제품이나 서비스에 대해 검색하고, 정보를 알고, 구매하는 과정이 얼마나 복잡한가?

인터넷은 정보 집약적이고 대단히 효율적이며 멀티미디어적인 매체로서, 거의 모든 제품이나 서비스에 대해 직접 구매는 하지 않더라도 적어도 정보를 검색하는 데는 완벽한 채널이라고 말할 수 있다.

2. 해당 제품을 집까지 배달하거나 또는 제품이 마음에 들지 않아 반환하려고 할 때, 절차가 얼마나 간편하며, 비용 역시 얼마나 저렴한가?

소프트웨어, 음반, 책, 비디오 등과 같이 완전하게 디지털로 변환이 가능한 품목을 제외한 다른 제품은 여전히 직접 집까지 배달을 해야 한다. 그러나 아무리 적은 양의 못이 필요하다 하더라도 배달 비용을 감안하지 않을 수 없는 것이 현실이다. 따라서 이런 현실의 보완으로 고객은 온라인으로 주문을 하고 해당 오프라인 가게에 들러 못을 들고 오기만 하면 된다. 즉, 차에 탄 그 상태 그대로 편리하게 못을 받을 수도 있다. 마찬가지로 해당 제품이 마음에 들지 않아 반환하려 할 때도 같은 방법으로 하면 된다.

3. 제품을 꼭 직접 눈으로 확인해 보거나, 만져 보거나, 착용해 보거나, 테스트를 해봐야 하는가?

신선도를 생명으로 하는 식품류나 의류, 가구, 가전제품, 그리고 덩치가 큰 자동차나 주택을 구입할 때는 이 사실을 무시할 수 없다. 그러나 모든 사람이 구입하기 전에 토마토의 즙을 짜보거나, 새 바지를 입어 보거나, 새 침대에 누워 보거나, 차를 시운전해 보거나, 직접 집안을 둘러보거나 하는 것은 아니다. 따라서 오늘날 이 모든 제품들은 온라인상에서 직접 실물을 눈으로 확인하지 않고도 판매되고 있다.

인터넷 제품의 4가지 유형

온라인에 올라오는 제품들은 대개 편의품, 소모품, 검토가 필요한 품목, 개성이 강한 품목 등 크게 4가지로 분류된다.

• 편의품

무게가 가볍고 조사할 필요가 없는 편의품(便宜品)은 온라인을 통해 구입하고 택배로 받아 보기에 가장 수월한 품목이다. 그리고 온라인에서 가장 불티나게 팔리는 편의품으로는 다음과 같은 것들이 있다(괄호 안의 수치는 이미 온라인을 통해 구매하고 있는 이용자들의 비율).

책(62%), 음반(52%), 비디오(26%), 항공기 티켓(32%), 이벤트 티켓(13%), 장난감(22%), 꽃과 선물류(18%), 신문(10%), 연하장(8%), 자동차 보험 및 주택 보험(3%)

• 소모품

편의품 다음으로 온라인을 통해 구매하기 편한 품목이 썩지 않는 식품류나 청소용품 같은 소모품과 건강 및 미용에 관련된 용품이다. 그리고 이들 제품은 현재 퀵스타에서 판매되고 있다.

이들 품목 가운데 일부는 상당히 부피가 커서 상대적으로 택배비용이 많이 들지만 일단 한 번 구매를 하면 더 이상 검증해볼 필요가 없는 제품들인 경우가 대부분이다. 게다가 소비자는 처음 사용해 본 이후 제품에 만족하면 그 다음부터는 주저 없이 계속해서 반복 구매를 한다.

현재 당신이 다니는 슈퍼마켓 쇼핑 카트 안의 품목 가운데서 얼마나 많은 것들이 매주 쇼핑을 할 때마다 늘 똑같은 것들로 채워졌는지 한번 생각해보라. 그리고 그러한 소모품을 슈퍼마켓에서 배달해 주었던 경우가 있는지 생각해보라.

소모품에는 다음과 같은 것이 있다(괄호 안의 수치는 이미 온라인을 통해 구매하고 있는 이용자들의 비율).

캐주얼 의류나 속옷·양말(**28%**), 스포츠용품(**11%**), 건강·미용 관련 용품(**10%**), 사탕·초콜릿 및 주류(**9%**), 가루비누·청소용품·애완동물 사료 및 썩지 않는 제품(**8%**), 미술품·공예품 및 취미용품(**6%**), 연장·철물 및 정원용 기기(**4%**)

・ 검색이 필요한 품목

온라인상에서 구입하기에는 약간 어려운 품목으로 보험 상품, 담보대출 상품, 컴퓨터, 소프트웨어 등이 있다. 그러나 이들 상품은 온라인에서 디지털로 직접 입력을 하거나 퀵서비스를 이용하면 되므로 고객에게 배달하기에는 상대적으로 매우 용이한 제품이기도 하다. 물론 이들 품목은 약간의 고민이 필요한 다소 복잡한 상품들이다. 예를 들어 생명보험 상품은 자동차보험 상품보다 가입하기가 더 까다롭고, 가전제품은 경쟁회사들이 많기 때문에 선택하는 데 있어 신경을 써야 한다. 하지만 인터넷은 이러한 문제를 해결하는데 매우 뛰어난 효과가 있기 때문에 이들 제품 중 많은 품목들이 현재 온라인을 통해 판매되고 있는 것이 현실이다.

이와 같이 검색이 필요한 품목들로는 다음과 같은 것들이 있다(괄호 안의 수치는 이미 온라인을 통해 구매하고 있는 이용자들의 비율).

소프트웨어(48%), 주식 및 펀드(24%), 가전제품(14%), PC(13%), 가족여행 상품(10%), 담보대출 상품(4%), 생명보험 상품(2%)

• 개성이 강한 품목

온라인에서 구매하거나 소비자의 집까지 배달하기에 어려운 품목은 분명 존재한다. 부피가 크거나 무겁거나, 취급하기 까다로운 품목이 그것이다. 더구나 이들 제품의 대부분은 값도 비싸고 다른 제품에 비해 많은 검토가 필요하기 때문에 온라인보다는 오프라인 상점에서 팔리는 경우가 많다.

자동차와 같이 매우 신중한 검토를 필요로 하고 개성이 강한 제품을 구매할 때 인터넷은 중요한 도우미 역할을 한다. 인터넷은 구매하기 전 단계의 과정들을 대폭 간소화시켜 시간을 절약해주기 때문이다. 그래서 아무리 복잡한 품목이라 하더라도, 육안으로 전혀 확인되지 않았더라도, 온라인상에서 판매될 수 있는 것이다. 또 몇몇 품목 중에는 상당히 많은 소비가 이루어지고 있다.

이처럼 개성이 강한 품목으로는 다음과 같은 것이 있다(괄호 안의 수치는 이미 온라인을 통해 구매하고 있는 이용자들의 비율).

가구 및 가전제품(4%), 스포츠 기구(3%), 자동차(2%), 상하기 쉬운 식품(2%), 정장 의류(2%), 가정 및 건물 관리 장비(2%), 소장용 명품(5%), 미술품 및 골동품(1%), 주택(1%)

우리가 지금 살펴본 것처럼 거의 모든 유형의 제품들이 온라인상에서 판매되고 있다. 즉, 인터넷은 절차가 까다로운 제품도 얼마든지 다룰 수 있게 되었다. 사실 온라인을 통한 구매가 성공적으로 자리 잡을 수 있게 된 것은 구매자들이 해당 제품에 대해 많은 정보를 접할 수 있도록 인터넷이 훌륭한 역할을 했기 때문이다. 예를 들어, 아마존은 고객이 책의 내용을 볼 수 있도록 하고, 고객이 선호하는 책의 장르나 작가에 대한 정보를 고객으로부터 입수해서 고객의 관심을 끌만한 새로운 책이 나오면 자동적으로 고객에게 정보를 준다.

인터넷은 또한 개인의 기호와 필요에 맞춰 고객이 훨씬 개성

있고 다양한 상품들을 구매할 수 있도록 도와준다. 델컴퓨터 (Dell Computer)는 온라인에서 고객이 직접 PC의 모든 사양을 선택하도록 하고 있으며, 자동차 판매회사도 역시 같은 방식으로 고객이 차를 구입할 수 있도록 하는 구상을 하고 있다.

이제 우리에게는 인터넷 쇼핑을 하지 않을 아무런 이유도 없다. 머지않아 대부분의 사람들은 온라인을 통해 쇼핑할 것이며, 단순히 책이나 **PC**뿐만 아니라 식료품이나 건강 및 미용 관련 제품들을 비롯해 일상생활에 필요한 거의 모든 것들을 온라인에서 구입하게 될 것이다.

수많은 생활용품을 구입하는 데 있어 왜 인터넷 쇼핑이 적합한지 보다 자세히 설명하기 위한 예로, 건강 및 미용 관련 분야에 대해 살펴보기로 하자.

인터넷 쇼핑의 매력

사실 건강 및 미용 관련 제품은 인터넷 쇼핑에 아주 잘 어울리는 품목이다. 왜냐하면 이들 제품은 정보 집약적이고, 거의 썩을 염려가 없으며, 배달하기에 편리하고, 배달 비용 또한 저렴하기 때문이다. 그리고 대부분 반복 구매를 일으키는 장점을 가지고 있다.

실제로 건강 관련 산업은 자금 규모 면에서 볼 때 책이나 음반 시장보다 더 규모가 큰 온라인사업 분야다. 약품만 보더라도 아스피린에서 화장품, 비타민에 이르기까지 거의 모든 종류의 제품을 취급한다. 때문에 건강 관련 제품의 전체 시장 규모는 영양제, 비타민, 건강 및 미용 보조식품을 포함해 2000년에는 약 480조 원의 시장을 형성했으며, 2005년에 이르면 1200조 원에 이르는 시장 규모를 갖게 될 것이다. 그리고 이 중 대부분이 온라인에서 거래가 이루어질 것이다.

퀵스타와 같은 직접 판매자와 네트워크 마케터들은 건강과 다이어트에 관심이 많은 사람들이 요즘 앞 다퉈 구입하고 있는 건강 보조식품 및 영양 보급제를 공급하는 데 있어 지배적인 유통업자로 자리 잡고 있다.

퀵스타와 같은 직접 판매자와 네트워크 마케터들은 건강과 다이어트에 관심이 많은 사람들이 요즘 앞 다퉈 구입하고 있는 건강 보조식품 및 영양 보급제를 공급하는 데 있어 지배적인 유통업자로 자리 잡고 있다.

화장품 산업 역시 온라인 점유율은 점점 높아지고 있다. 온라인 종합의약품 코너의 경우 2000년에 북미지역 사람들이 화장품 구입에 지출한 14조 8800억 원 가운데 일부를 차지할 목적으로 미용 관련 제품을 함께 취급하고 있다. 물론 많은 화장품 산업 관계자들 사이에서 과연 여성이 화장품 가게에서 이것저것 살펴보고 구매하던 과거의 습관을 단순히 마우스 클릭 한 번으로 바꿀 수 있을 것인가를 놓고 논쟁이 있었다.

제품의 특성상 인터넷에 올리기 어려운 품목의 경우 흔히 그런 것처럼, '인터넷상에서는 어떤 향기도 맡을 수 없으며', '색깔도 컴퓨터 화면에서 보면 그리 예쁘게 보이지 않는다'는 주장이 분명 있지만 여기에 대해 너무 심각하게 고심할 필요는 없다. 물론 화장품 산업이 전통적으로 제품의 '촉감을 느끼는' 측면에 상당한 비중을 둔 것은 사실이지만, 무료 샘플이 화장품 가게에 얼마든지 배포되어 있기 때문에 고객들은 마음만 먹으면 수시로 새로운 제품의 컬러나 특징을 직접 느낄 수 있다.

판매되는 향수의 70%는 항상 반복 구매를 통해 이루어진다. 일단 고객이 자신이 좋아하는 향수를 찾게 되면 그 다음부터는 망설이지 않고 다시 그 제품을 구입하기 때문이다. 따라서 보통의 경우 화장품 구매자들은 그들이 구입하고자 하는 제품의 이름만 알면 쉽게 구입을 결정하고, 대부분의 소비자들은 제품의 특성에 대해 거의 정확히 알고 있다.

특히 립스틱이나 매니큐어 같은 제품의 경우 대다수의 사람은 한 가지 제품을 선택하면 그 다음부터는 계속해서 그 제품을 쓴다. 그리고 인터넷은 그러한 제품을 취급하기에 가장 적절하고 이상적인 판매 채널이다.

앞으로 여성, 특히 젊은 여성은 온라인상에서 미용 관련 제품의 구매 붐을 일으키는 주역이 될 것이다. 그리고 현재 이들은 인터넷에 몰려들어, 정보 검색 회수를 높이고, 인터넷 쇼핑에서 남성을 능가하고 있다.

화장품 관련 사이트들은 특히 시간에 쫓기며 사는 젊고 센스 있는 소비자들에게 잘 먹힌다. 이들은 집이나 사무실을 떠나지 않고 쇼핑하기를 즐기며, 단순히 같은 제품을 사기 위해 직접 나갔을 때, 엄청난 고생 또한 기다리고 있다는 것을 잘 알고 있다. 때문에 이들은 더욱 온라인을 선호한다.

퀵스타는 에이본(Avon:인터넷 화장품 쇼핑몰), 메리 케이(Mary Kay:인터넷 화장품 쇼핑몰), 드러그스토어닷컴(Drugstore.com:인터넷 의약품 쇼핑몰), 허벌라이프(Herbalife:인터넷 건강 보조식품 쇼핑몰) 등과 같은 경쟁회사들과 앞으로도 끊임없이 경쟁할 것이다. 그리고 비타민, 화장품 등 여타 관련 제품을 판매하는 데 있어 가장 거대하고 확실한 고객 중심 판매회사로서 의심할 여지없는 최고의 온라인 공급자가 될 것이다. 제6장에서 다시 언급하겠지만, 사실 퀵스타는 이미 이 분야에서는 제일 잘 나가는 선두주자다.

자! 이제 우리는 온라인상에서 어떤 제품이 팔리고 왜 팔리는가에 대해 분명하게 이해를 하게 되었다. 그러면 이제부터는 누가 온라인을 통해 구매하며 그들을 '클릭' 하게 만드는 요소가 무엇인가에 대해 살펴보자.

제 5 장

주류로 부상하는 인터넷 쇼핑과 미래의 소비자
미 래 의 퀵 스 타 고 객

퀵스타 쇼핑객들은 온라인 인지도 면에서 평균 이상이다. 물론 나는 퀵스타 쇼핑객의 프로필 등의 데이터에 관여하고 있는 사람은 아니다. 이에 관한 정보는 회사가 대외비로 보관하고 있기 때문이다. 따라서 내 견해는 『미래의 닷컴 소비자』에서 사용했던 조사방법과 똑같은 방식의 조사에 기초한 것이며, 퀵스타 쇼핑객들에게 적용해도 전혀 무리가 없을 것으로 생각한다.

퀵스타 쇼핑객들은 구매력과 인터넷 쇼핑 관심도 면에서 미국인 평균을 훨씬 웃돌고 있으며, 인터넷 쇼핑 '학습곡선(Learning Curve)'에서도 앞서 나가고 있다. 그러나 여기에 대해서 알아보기 전에 쇼핑객들의 일반적인 인구통계학적 특성과 생활양식의 특성을 먼저 살펴보고, 그러한 정보들을 바탕으로 하여 과연 누

가 미래에 최고의 퀵스타 고객이 될 것인가에 대해 알아보기로
한다.

소비자 세대의 진화

각 세대별로 사람들은 자신이 태어나서 자란 그 시대적 환경
에 강한 습성을 가지고 있다. 때문에 사람들은 당시에 얻었던
자신의 경험이 누구에게나 하나의 규범처럼 작용하리라고 생각
하는 경향이 있다.

사실 사회는 시대의 조류에 따라 수시로 변하며, 경제 환경에
따라 부모 세대가 자녀 세대를 키우는 방식을 결정한다. 또한
기술의 발전 정도에 따라 소비자의 행동이 결정되고 미래에 대
한 예상이 가능해진다. 물론 세대 간에 정확한 경계선을 긋기란
사실 쉬운 일이 아니지만, 북미지역의 경우는 다음과 같이 대략
5가지 유형의 분명한 탄생 주기를 갖고 있다.

• **책 세대(1911∼1928년 사이에 태어난 세대)**[6]

---

6) 책이 학습과 놀이의 주된 대상이던 세대.

생존하는 가장 오래된 세대로써 기존 사고방식의 틀에 완전
히 고정되어 있는 세대다.

이 세대의 사람들은 대부분 변화를 싫어하기 때문에 인터넷
을 신뢰하지 않고, 온라인 역시 거의 접속하지 않는다. 또한
이들 대부분은 미래의 퀵스타 쇼핑객이 아니다.

• **시계 세대(1929~1945년 사이에 태어난 세대)**[7]

흔히 '노인' 이라고 불리는 이들 세대는 과거, 약 절반 정도만
이 그들이 한창 일하던 시대에 PC를 사용해본 경험을 갖고
있다. 그러나 이들 중 상당수가 집에서 인터넷에 접속을 하고
있으며 이메일을 비롯해 온라인을 통한 기상 예보나 건강 및
의학 관련 정보를 얻고 있다. 또한 이들은 인터넷을 통해 투
자 상담을 하고, 온라인에서 책과 소프트웨어, 자동차를 구입
하기도 한다.

현재 인터넷 쇼핑의 편리함을 즐기고 있는 이들 세대는 지금
보다는 더 이용하기 쉽고, 편리하며, 효율적이고, 실용적인
인터넷 쇼핑을 원한다. 그래서 이들 중 상대적으로 나이가 많

---

7) 1930년대 자동시계(태엽을 감지 않아도 되는 시계)의 등장으로 본격적인 시계의 발전이 이루어진 시기에
태어난 세대.

은 층은 온라인에 더 쉽게 접속할 수 있다거나 접속하지 않을 수 없는 상황이 오기 전까지는 온라인을 이용하지 않을 것이다. 그러나 이 세대 중 상대적으로 나이가 젊은 층일수록 인터넷에 접속하거나 인터넷 쇼핑을 즐기는 측면이 있다. 물론 이들은 미래의 유망한 퀵스타 고객이 될 것이다.

• 베이비붐 세대(1946~1964년 사이에 태어난 세대)[8]

동시대를 사는 부모 세대보다 적어도 10년은 더 젊게 느끼고 행동하는 베이비붐 세대는 '능동적인 어른'이며, 아주 적극적인 온라인 세대이기도 하다.

베이비붐 세대의 가치관에 가장 큰 영향을 미친 것은 텔레비전이었다. 그리고 직장에서 컴퓨터에 눈을 뜨고 가정에서 PC와 휴대폰을 일상적으로 사용하면서 자연스럽게 온라인에 끌리게 된 세대이다. 때문에 이들은 최신형 매체들이 출현하면 언제든지 그곳으로 이동할 마음의 준비가 되어 있다.

베이비붐 세대의 사람들은 능동적인 라이프스타일을 거리낌 없이 나타낸다. 따라서 중년에 들어서면서부터는 건강관리와

---

8) 제2차 세계대전이 끝나고 1946년부터 미국에서 신생아가 폭발적으로 증가했던 때에 태어난 사람들의 세대.

자산관리에 상당한 관심을 보인다. 이들은 대중 마케팅에 회의적이고, '전문가'의 견해와는 상당한 시각 차이를 보이며, 제품과 서비스의 가려진 실체를 스스로 찾아내려고 적극적으로 온라인에 뛰어든다. 그런 다음 온라인 구매를 하는 경향을 보이는 것이 바로 이들 세대라고 할 수 있다.

쓸 만큼 충분한 돈을 가지고 있는 베이비붐 세대는 미래의 유력한 퀵스타 구매자이자 강력한 퀵스타 사업 후보자들이다.

• X세대(1965~1982년 사이에 태어난 세대)[9]

다소 반항적이고 주변 환경에 제대로 적응하지 못하는 X세대는 당시 사회 풍조였던 '맞벌이 부부'의 아이들이자 이혼한 부부의 아이들로서 빠르게 성장했다. 이들은 베이비붐 세대와는 상반되는 문화 속에서 혼자 힘으로 살아가는 법을 스스로 체득했고 거의 모든 면에서 홀로서기를 시도했다. 그래서 10대 시절만 해도 거리의 대형 쇼핑몰에 익숙해져 있던 이들은 이제 소위 '몰리즘(Mallism)[10]'을 거부하고 있다. '전통적인 것'을 탈피하려는 경향이 X세대를 자연스럽게 PC혁명과 인터

---

9) 미국 작가 더글러스 쿠프랜드의 소설 『X세대』에 나온 말로 정체성이 불투명해 잘 알 수 없는 세대.
10) '몰리즘'이란 거리의 대형 쇼핑몰에서 모든 것을 해결하려는 구매 행태를 말한다.

넷 쇼핑으로 이끌고 갔기 때문이다.

특히 이러한 경향은 그들이 결혼해서 가정을 이루었을 때 더욱 두드러지게 나타났다. **X세대는 근본적으로 기업가 정신이 강하다. 따라서 자연스럽게 퀵스타 사업에 적극 참여할 것으로 기대된다.**

● 인터넷 세대(1983~2000년 사이에 태어난 세대)

현재 청소년층인 이 세대는 자동적으로 미래의 인터넷 쇼핑 중심세력이 될 것이다. 이들 디지털 세대는 컴퓨터와 인터넷이 없는 세상은 경험해본 적이 없는 세대로서, 거의 본능적으로 인터넷 서핑을 즐긴다. 때문에 이들은 다른 모든 세대를 능가하는 전형적인 '미래의 인터넷 소비자'이다.

'Y세대' 혹은 '인터넷 세대'가 점점 나이를 먹어감에 따라 2010년까지 새로 차를 운전하는 소비자들은 해마다 500만 명씩 탄생할 것이다. 따라서 이제 어떤 제품을 취급하는 마케터든지 지금까지와는 전혀 색다른 이들 소비자의 기대치를 파악하지 않으면 안 된다.

이 인터넷 세대는 끊임없이 새로운 아이디어와 새로운 것을 추구하고 받아들이며, 몸소 체험하거나, 가상현실에 살면서 온 세상을 쉴 새 없이 여행할 것이다. 또한 이들은 기술 개척자들로서 PC나 휴대폰 그리고 새롭게 출시될 각종 전자 장비들을 가장 의욕적으로 사용할 것이다.

인터넷 세대에게 있어 인터넷 쇼핑은 유일한 구매 방식이다. 이들은 열정적인 퀵스타 쇼핑객 또는 **IBO**가 되고 싶어 한다.

거의 모든 것을 취급하는 쇼핑몰

미래가 되면 가장 나이가 많은 연령층을 제외하고는 거의 모든 사람이 온라인을 이용할 것이다. 현재 북미 전역에 살고 있는 2억 명 이상의 인터넷 사용자들 역시 인터넷 쇼핑객들이 그러한 것처럼 북미지역의 사회상을 그대로 반영하는 거울과 같은 역할을 하고 있기 때문이다. 2001년 말 온라인 인구를 연령별로 구분했을 때, 각 연령별 온라인 구매 추이는 다음과 같았다.

- 16~22세:21%
- 23~29세:26%
- 30~44세:29%
- 45~59세:24%

• 60세 이상:7%

위의 통계를 살펴보면 가장 연령이 많은 층을 제외하고는 전체적으로 인터넷 쇼핑이 이제 주류를 형성하고 있다는 사실을 알 수 있다. 특히 아이들이 있는 가정일수록 매우 중요한 시장으로 떠오르고 있다. 현재 북미지역의 경우 자녀가 있는 가정은 전체의 약 40%에 이른다. 이들 가정의 65% 이상이 적어도 한 대 이상의 PC를 보유하고 있으며, 대부분은 온라인에 접속하고 있다. 또한 자녀가 있으면서 온라인을 이용하는 가정의 58%가 인터넷 쇼핑을 하고 있다. 일반적으로 이들은 평균 이상의 소득을 벌어들인다. 그리고 교육수준이 높아서 우수한 구매력을 가진 전자상거래 시장을 형성한다.

과거에 이들이 선호하는 인터넷 쇼핑 품목은 주로 장난감이나 이벤트 티켓, 스포츠용품, 음반 등이 전부였다. 하지만 이들은 점점 온라인 제품군의 주요 품목으로 쇼핑의 범주를 확대하고 있다. 전자상거래 세대가 점점 나이를 먹어감에 따라 인터넷 쇼핑은 더욱 활기를 띠고 있다. 그래서 앞으로 10년 안에, 지금은 10대인 소비자들이 성인이 되어 있을 무렵이면 거의 대부분의 제품이 온라인상에서 활발하게 거래될 것이다.

여성이 주도하는 인터넷 쇼핑

아프리카, 아시아, 스페인계, 라틴계, 중동 출신의 소수민족 사람들이 미국 전체 인구 평균보다 더 빠른 속도로 온라인을 이용하고 있다.

북미지역 인구의 70% 이상이 유럽에서 이주해 온 사람들이다. 그러나 이들이 2010년까지 온라인 시장의 성장에 미칠 영향은 단지 25% 정도에 지나지 않는다.

물론 흑인과 스페인계 가정의 약 40%가 이미 온라인을 이용하고 있다. 하지만 온라인 이용률 76%에 달하는 아시아계 미국인 가정의 이용률에 비하면 상대적으로 적은 편이다. 또한 현재는 여성이 남성에 비해 더 많은 온라인 이용률을 보이고 있다 (1994년 5%에 불과하던 여성 온라인 이용자들이 2001년 말에는 56%로 증가했다).

한 가지 중요한 사실은, 경제 전체로 따져볼 때 가정에서 이루어진 모든 구매 활동의 약 **80%**는 직간접적으로 여성에 의해 이루어지고 있다는 것이다. 그리고 이것을 연간 금액으로 계산하면 약 **3000조 원**에 해당한다. 그리고 지금부터 최소한 **10년** 동안은 여성이 인터넷 쇼핑을 주도할 것이다. 이런 관점에서 볼 때 여성은 현재 퀵스타를 통해 최고의 인터넷 사업을 펼칠 기회를 맞이하고 있다.

가정의 실질적인 지출 권한과 재정권을 행사하고 있는 75% 이상의 여성들은 점점 더 많은 가정 경영권을 행사하게 될 것이다. 이들은 집을 개량하는 계획을 세우고, 재원을 마련하는 문제를 포함해 가정을 관리하는 측면에서 더욱 큰 영향력을 발휘하고 있다.

인터넷 서핑을 즐기는 미국 여성의 연평균수입은 약 7200만 원 수준이다. 실제로 미국 노동통계국의 보고에 따르면 남편보다 더 높은 수입을 올리는 여성의 비율은 25%로써, 이는 1990년의 17%보다 더 증가한 수치다(이들 중 과반수는 전체 가계수입의 50% 이상을 벌어들이고 있다). 이와 같이 막강한 구매력을 가진 여성의 인터넷 쇼핑이 증가하고 있다는 사실은 앞으로 온라인 판매 시장의 판도에 대변화가 찾아올 것임을 시사하는 것이다.

> **지금부터 최소한 10년 동안은 여성이 인터넷 쇼핑을 주도할 것이다. 이런 관점에서 볼 때 여성은 현재 퀵스타를 통해 최고의 인터넷 사업을 펼칠 기회를 맞이하고 있다.**

지상 최대의 멀티미디어 매체

전자 및 기술의 급속한 발전으로 모든 소비자들은 더욱 첨단의 지식 집약적인 구매자로 변하고 있다. 그래서 현재보다 더 발전한 '인터넷 세상'이 다가올수록 현재 일반화되어 있는 기존의 마케팅 개념들 역시 점차 사라질 것이다.

제2차 세계대전 이후에 출생한 소비자들은 시각적인 측면이 강조되는 멀티미디어 세상에서 살아왔다. 그리고 사람들은 이제 몇 십 년 동안의 대중매체를 통한 광고의 융단폭격에 매우 둔감해져 있다. 즉 온라인 정보로 새롭게 무장한 소비자들은 대부분의 기존 대중매체 광고들이 허풍이라며 멀리하거나, 과장광고 또는 위선의 극치라고 하면서 거부하는 정도를 넘어서 조롱하고 있다.

"소비자들은 자신의 제품을 자신이 구입할 때 더 많은 지출을 한다"는 말이 있다. 온라인에서는 소비자들이 그러한 방식으로 구매를 하도록 체제가 잘 갖추어져 있다. 특히 퀵스타 쇼핑객들은 문자 그대로 자신의 제품을 자신이 구입하는 사람들이다. 즉, 그들은 자신이 소유한 인터넷 쇼핑몰에서 필요한 제품들을 구입한다. 이는 광고, 판촉, 판매와 관련된 모든 개념 역시 인터넷에 의해서 좌우된다는 뜻이다. 때문에 이러한 사실을 모르는 회사들은 모두 역사의 뒤안길로 자취를 감추고 말 것이다.

인터넷은 현재 '최고의' 멀티미디어 매체이며, 시간이 갈수록 더욱 '최상의' 멀티미디어 매체로 자리매김할 것이다. 따라서 인터넷 마케터들은 '지상 최대의' 인터넷 쇼핑 조건을 갖추기 위해 무엇이 필요한지를 미리 이해해야 한다. 즉 구전광고와 인터넷 광고 그리고 1대1 마케팅을 표방하는 퀵스타 모델은 바로 이와 같은 환경에 가장 이상적으로 들어맞는 방식이다.

인터넷 쇼핑의 '학습곡선'

사람들이 온라인을 이용하고 온라인에서 쇼핑을 시작하기까지는 다소 시간이 좀 걸린다. 왜냐하면, 우선 온라인을 통해 구매 하기 전에 구매 사이트 등 전반에 걸친 파악이 필요하고, 스스로 온라인 구매가 적합한지에 대해서 확신이 서야 하기 때문이다. 더 나아가서는 온라인상에 개인의 신상정보가 노출될 수 있다는 점에 대해 안전하다는 믿음이 생겨야 한다. 물론 일단 한 번 구매를 시작하고 나면 그 때부터는 구매를 중단하지 않는다.

처음 사람들이 온라인 구매 의사결정을 할 때는 지극히 조심

스럽게 접근하는 것이 보통이다. 사람들은 우선 관계되는 사이트를 검색한다. 이 상황은 마치 새로운 동네에 이사 왔을 때 필요한 것들을 구매할 수 있는 주변의 가게들을 차례차례 알아보고 그 밖에 꼭 알아두어야 할 장소들을 파악하는 것과 같다.

시간이 흐르고 나면 친구가 이메일을 통해 소개해준 덕택으로 일단 온라인에 접속해 아마존에 들어가고 책 한 권을 구입한다. 신기하게도 온라인에서 처음 구매를 하는 사람은 보통 아마존을 이용한다. 왜냐하면 책이란 상품은 그 특성상 직접 확인하지 않고도 구입하기 간편하며, 아마존은 안전성과 개인의 사생활 보호 측면에서도 높은 명성을 얻고 있기 때문이다.

이들은 일단 사이트에 등록하고 주문 양식을 채우는 방법을 배우고 나면, 마우스를 클릭해 완성된 책 주문서를 보낸다. 그리고 이후 약 한 달 동안은 다른 상품을 더 이상 주문하지 않는다. 다만 이들은 주문한 책이 도착할 때까지 기다린다. 그리고 자신의 신용카드 사용내역을 꼼꼼히 살펴보고 대금이 올바르게 청구되었는지, 다른 누군가가 자신의 신용카드 번호를 도용하지는 않았는지 확인한다.

책이 도착하고 모든 것이 아무 문제 없이 진행되어 안정성을 확신하게 된 새로운 온라인 구매자들은 그제야 아마존이나 이베이, 그 밖의 잘 알려진 온라인 상점에서 다른 상품의 구매를 과감하게 시도한다. 즉 **이렇게 해서 인터넷 쇼핑에 점점 확신을 갖고 더 많은 경험을 쌓아감에 따라 더 자주 인터넷 쇼핑을 즐기게 되는 것이다. 자주 사면 살수록 더 자주 사게 되는 것이 인터넷 쇼핑의 특성이다.**

인터넷 쇼핑에 대한 소비자의 선호도는 그들이 첫 구매를 경험한 후에 상당히 증가한다. 한 조사에 의하면 온라인 구매자들이 처음 구매를 하고 나면 구매를 하기 전에 비해 적어도 5배가량은 온라인에서 다시 구매할 가능성이 높아진다고 한다. 초창기 인터넷 쇼핑객은 역시 초창기 인터넷 사용자들이었다. 이들은 소위 '초기 개척자'들로서 컴퓨터와 친하고 지적이며 호기심이 강한 사람들이다. 즉 무언가 새로운 것이 출현하면 가장 먼저 체험해 보려고 하는 사람들이다. 그들은 낙관적일 뿐만 아니라 항상 새롭고 무언가 색다르고 유일무이하며 혁신적이고 깜짝 놀랄 만한 어떤 것들을 찾는 사람들이다. 그래서 그들은 언제나 '쿨'한 인터넷사이트와 제품들을 찾는다. 또한 이들 똑똑한 인터넷 쇼핑객들은 평균 이상의 소득을 올리는 계층이며 대부분 높은 수준의 교육을 받은 소비자들이다.

오늘날 이들은 인터넷 쇼핑의 '학습곡선(Learning Curve)'상에서 여전히 선두 그룹에 속해 있다. 그리고 이들은 이제 매우 원숙한 인터넷 쇼핑객들로서 값비싼 티켓류 상품을 비롯해 다양한 상품들을 온라인에서 구매한다.

인터넷이 현대 생활의 중심으로 부상하면서 대다수의 가정이 온라인에 접속하고, 인터넷 쇼핑을 즐긴다. 또한 이들이 인터넷 쇼핑을 즐기는 빈도수와 거기에 따른 지출 역시 급속히 증가하고 있다. 즉, 온라인 소비자들을 위해 매우 다양한 제품군을 갖춘 인터넷 시장은 갈수록 팽창하고, 많은 돈이 온라인 구매에 지출되고 있다.

인터넷 쇼핑 경험이 많은 사람들이 처음 들어오는 사람에게 인터넷 쇼핑을 소개하는 것과 마찬가지로 네트워크 효과가 확산되면서 소매시장에서의 인터넷 전자상거래 경제가 점점 자리를 잡아가고 있는 것이다.

본질적으로 네트워크 이용자들은 서로 정보를 공유하는 사람들이다. 이들은 인터넷 망에 연결해 인터넷으로 제공되는 모든 상품에 대한 정보를 공유한다. 즉 이들이 퀵스타와 같은 네트워크 마케팅 기회를 잡을 수 있는 가장 이상적인 고객들이다.

단순 이용자에서 실질 구매자로

온라인 세계에서 더 많은 경험을 쌓아감에 따라 온라인에서 사용하는 시간과 돈의 양 역시 증가한다. 예를 들어 온라인 초보자들이 온라인에서 보내는 시간이 1주일에 5시간을 조금 넘는다면 3년 이상 온라인을 이용하고 있는 사람의 경우는 약 14시간을 온라인에서 보낸다. 또 온라인 구매자들을 온라인 비구매자들과 비교해 보면 약 1년 이상은 더 많은 온라인 경험을 가진 사람들이라는 것을 알 수 있다.

이것이 의미하는 바는 일단 PC 사용자가 온라인에 접속해서 상품들을 검색하기 시작하면 온라인 판매업자들은 이들이 온라인 구매를 실행에 옮길 수 있도록 할 만한 매력적인 요소들이 무엇인지 알아낼 필요가 있다는 것이다. 왜냐하면 온라인 이용자들 가운데 약 50%는 아직 온라인에서 한번도 구매를 하지 않은 사람들이기 때문이다. 물론 이러한 단순 이용자들을 실질적인 구매자로 전환시키는 데는 어느 정도 시간이 걸린다.

인터넷을 이용한 지가 아직 6개월이 채 안 된 가정의 비율은 전체 온라인 인구의 15%에 달하고 있지만, 이들의 온라인 구매 실적은 전체 구매의 단 5%를 차지할 뿐이다. 이와는 반대로 적어도 2년 이상 온라인을 이용해온 가정이 온라인 전체 인구에서 차지하는 비중은 45%지만, 이들의 온라인 구매 실적은 전체의 65% 이상을 차지하고 있다. 또 많은 사람들이 온라인을 통해서 상품에 대한 정보는 검색하지만 실제 구매는 오프라인에서 한다. 그러나 온라인에서 이루어지는 구매 한 건마다 두 가지의 추가적인 구매 정보 검색이 이루어진다.

물론 기존의 백화점 같은 곳에서 구경만 하고 구매는 하지 않았던 것처럼, 어떤 상품들의 경우에는 사람들이 정보를 얻기만 하고 온라인이나 오프라인 어디에서도 구매를 하지 않을 수도 있다는 것이다. 그러나 이들 소비자들은 점차적으로 온라인 구매 쪽으로 이동하고 있다. 예를 들어 1996년의 경우를 보면 10명이 '온라인에서 정보를 검색하고 온라인에서 구매'를 한 반면, 16명은 '온라인에서 정보를 검색하고 오프라인에서 구매'를 했다.

이 10대16의 비율은 그 이후로 매년 계속해서 좁혀졌다. 즉, 1997년에는 10대14, 1998년에는 10대13, 1999년에는 10대11, 2000년에는 10대9, 그리고 2001년에는 10대7이었다. 이와 같은 일관된 추이는 소비자들이 인터넷 쇼핑에 대해서 점점 더 큰 확신을 얻고 있음을 보여주는 현상이라고 말할 수 있다.

미래의 온라인 지출 규모

온라인에서 지출되는 모든 돈은 분명히 오프라인에서 지출되는 돈과는 구분된다. 2001년에 북미지역 전체 소매 판매액은 3840조 원에 이르렀지만, 그 중 온라인 판매는 108조 원으로 총 소매 판매액의 3%에도 미치지 못하였다.

대부분의 전문가들은 2005년이나 2007년이 되면 온라인 판매가 전체 소매 판매의 8% 가량을 차지할 것이라고 예상한다. 그러나 이러한 예상 결과는 현재 일어나고 있는 사회·기술·경제적 측면에서의 '인터넷 혁명' 효과를 무시한 것이다. 또한 너무 보수적인 관점에서 예측한 것이다. 그래서 이와는 반대로 몇몇 분석가들은 그 때가 되면 온라인 소매 판매가 전체 소매 판매액의 55%를 차지할 것이라고 예상한다.

인터넷이 가져온 라이프스타일의 혁명과 미래의 인터넷이 온라인 소매업에 딱 들어맞는 적합성을 지니고 있다는 점을 고려해볼 때, 보다 현실적인 예상은 이들 두 극단적인 예상의 중간 정도에 위치할 것 같다. 그리고 온라인 판매와 관련하여 좀더 합리적인 예상은 『1대1 마케팅』의 공동 저자 마샤 로저스(Martha Rogers)를 통해 알 수 있을 것 같다. 그는 소비자와의 직거래 마케팅인 온라인 판매가 2010년이 되면 전체 소매 판매의 24%를 점유할 것으로 예상하고 있다.

2002년에 출간된 『미래의 닷컴 소비자』 개정판에서 나는 제품 품목을 위주로 했을 때, 2010년에 이르면 전체 소매 판매의 29.5%를 온라인이 차지할 것이라고 예상했었다. 그리고 이 예상치를 '현실적인 기준'으로 삼았을 때 2010년에 이르면 1억 1500만 가구의 북미지역 가정 가운데 79%가 온라인을 통해 구매할 것이고, 전체 가구 가운데 66%는 온라인에서 매우 활발하게 쇼핑할 것이라고 예상한다.

평균적으로 만약 이들 활발한 구매자들인 760만 가정이 온라인을 통해 1주일에 적어도 33만 6000원씩을 지출한다고 해도 전체적으로는 1320조 원을 소비하는 셈이다. 따라서 2010년까지 전체 소매 판매 시장은 약 4440조 원 규모로 성장할 것이며, 온라인에서 판매되는 1320조 원은 4440조 원의 29.7%에 해당할 것이다. 결과적으로 내가 예상했던 29.5%는 현재의 추세를 바탕으로 하여 나온 현실적인 예측이다.

비록 내 생각이 완전히 맞지 않을 수도 있지만 한 가지 분명한 것은 온라인을 통한 판매는 엄청난 경제적 변화를 가져올 것이라는 것이며, 퀵스타와 같은 기업들에게는 정말로 환상적인 전자상거래의 기회를 제공하게 될 것이라는 사실이다.

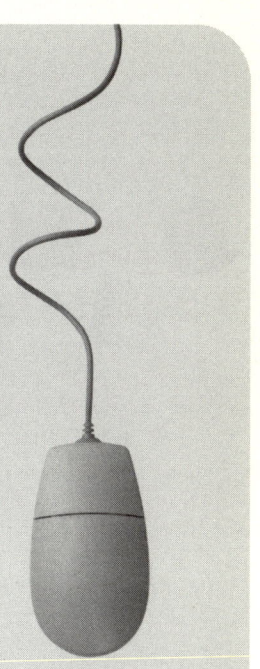

제3부

퀵스타 사업의
성공 전략

제6장 ● **인터넷쇼핑의 새로운 '태양' :** 퀵스타 시스템과 성공 스토리

제7장 ● **1대1 마케팅 혁명과 프로슈머 마케팅:** 성공적인 인터넷 사업 전략

　　퀵스타와 함께 하는 네트워크 마케팅은 자기 자신의 기업을 소유하고 싶어 하는 대부분의 사람들에게 '미래의 완벽한' 기회를 제공한다. 그리고 우리가 이미 이 책의 앞부분에서 살펴보았던 것처럼 네트워크 마케팅을 통한 새로운 기회는 지금 진행되고 있는 인터넷 혁명의 추세와 완벽하게 조화를 이루고 있다.

　　제3부에서는 퀵스타 만의 눈부시면서도 끊임없이 계속되는 성공 스토리에 대해 언급하고, 퀵스타 사업을 하고 싶어 하는 사람들에게 열려 있는 기회들에 대해 살펴보기로 한다.

　　제3부는 반드시 시간을 내어서라도 꼭 읽어 보기 바란다. 왜냐하면 지금부터 언급하는 내용이 이 책에서 가장 중요한 부분이기 때문이다. 그러나 만일 여러분이 이전의 장들을 읽지 않고 건너뛰었다면 퀵스타의 본질을 제대로 파악하지 못할 것이므로 다시 앞 장의 내용들을 잘 읽어 보기 바란다.

제 6 장

인터넷 쇼핑의 새로운 '태양'

퀵스타 시스템과 성공 스토리

출범한 첫 해에만 6216억 원의 매출을 기록한 퀵스타는 온라인 사업에서 눈부신 성공을 거두고 있다(인터넷 쇼핑 첫 해 매출이 1764억 원이었던 아마존이나 384억 원에 그쳤던 이베이와 비교해볼 때 이것은 놀라운 실적이다). 즉 퀵스타는 출범하자마자 흑자를 기록한 것이다.

퀵스타의 두 번째 사업연도인 2001년의 매출은 9792억 원이었다. 불과 1년 만에 57%의 성장을 한 것이다. 단지 2년밖에 안 된 기업으로서는 엄청난 실적이다. 더구나 그 해는 닷컴기업들의 몰락, 주식시장의 붕괴, 경기침체, 9·11 테러 등으로 사회가 무척 어수선했기 때문에 더욱 놀라운 결과였다. 그렇다면 퀵스타가 이처럼 놀라운 성과를 거두게 된 비결은 과연 무엇일까?

퀵스타 성공의 6가지 요소

퀵스타의 성공은 다음의 6가지 주된 특성에 기인한다.

• **제품군**

잘 썩지 않고, 소모성인 반복 구매형 제품들로서 인터넷 쇼핑에 이상적으로 적합한 품목.

• **자동 배달 주문**

정기적으로 주문되는 상품을 자동 주문으로 고객의 집 앞까지 직접 배달해주는 전략.

• **통합 수당**

합리적으로 책정된 가격의 품목을 구매자가 구입하는 과정에서 수당을 받는다. 또 여기에 소개 판매에 대한 수당도 받는다.

• **효율적인 인터넷사이트**

고객의 흥미를 유발하고, 취향에 맞게 사용할 수 있는 편한 기능의 인터넷사이트를 제공한다.

- 디지털 친화적 포지셔닝

 지식 중심의 하이테크 및 하이터치 프로그램을 통해 교육과 개발에 잘 어울리는 젊고 출신이 다양한 디지털 친화적 IBO 들을 대상으로 한다.

- 1대1 네트워킹

 IBO와 고객 사이에 하이터치적인 인간관계를 토대로 한다.

 다음 장에서 다시 다루겠지만 이들 6가지 요소는 내가 항상 강조하는 소위 '인터넷 마케팅의 6Ps[11]'를 완전하게 반영하고 있다. 이들 6가지 특징을 퀵스타와 결부시켜 분석해 보기로 한다.

인터넷 쇼핑에 이상적인 제품 공급

 퀵스타는 합리적인 가격에 쉽게 썩지 않고 재공급이 매우 용이한 자가소비 위주의 제품을 취급하고 있다. 이는 온라인 소매시장에 더할 나위 없이 잘 어울리는 제품이며 일반적으로 사

---

11) '6Ps'란 제품(Product), 유통(Place), 가격(Price), 판촉(Promotion), 사람(People), 프로그래밍(Programming)을 말한다.

람들이 반복구매를 하는, 배달하기 쉬운 제품이다. 몇 가지 제품을 예로 들면 청소용품, 피부보호제, 화장품, 비타민, 건강보조식품 등이 있다.

사실 어떤 제품 목록도 퀵스타가 보유한 제품의 다양성에는 미치지 못한다. 퀵스타가 보유한 제품군은 사실상 고객이 찾는 모든 것을 이미 구비하고 있기 때문이다. 예를 들어 인터넷사이트는 퀵스타만의 고유 브랜드를 4가지 범주로 나누어 제공하고 있다.

• 가정용품

가장 유명한 퀵스타 브랜드 SA8 세제류와 함께 가구, 바닥, 주방, 욕실, 자동차, 기타 다용도 클리너와 광택제 등 가정용품 전반에 걸친 다양한 제품.

• 건강용품

이미 많이 알려져 있는 뉴트리라이트 종합비타민, 미네랄, 허브 제품, 체중 조절을 위한 다이어트 식품을 포함해 신진대사 촉진 보조식품 등을 판매하고 있다.

- **미용용품**

아티스트리 화장품, 새티니크 모발보호제품, 유명 브랜드 향
수, 바디크렌저와 바디 로션, 비누 및 치약, 그리고 다양한 액
세서리 및 보석류를 취급하고 있다.

- **잡화류**

처방전이 필요 없는 약이나 치료제, 여성 및 육아 보호용품,
화장지, 냉장고용 랩 및 봉투, 애완동물 사료, 배터리, 심지어
양말이나 속옷에 이르기까지 없는 것이 없다.

이것은 단지 시작일 뿐이다. 퀵스타 홈페이지에서 '스토어 포
모어(Store for More)' 코너를 클릭하면 당신만의 패션 의상을
만날 수도 있다. 그리고 침구류, 가구, 가전제품 등을 보면서
주거 공간을 다시 꾸미게 될 것이고, 잔디나 정원 관리 용품들
을 쇼핑하고, 진공청소기도 살 수 있다. 물론 운동 기구도 만날
수 있다.

퀵스타와 제휴하고 있는 약 100개 업체의 '파트너 스토어
(Partner Stores)' 코너에 가면 아주 다양하고 만족스러운 구매
기회를 잡을 수 있다. 이들 중에는 디즈니 스토어(Disney

Store), 오피스 맥스(Office Max), 케이비 토이즈(KB Toys), 히코리 팜스(Hickory Farms), IBM, 프랭클린 민트(Franklin Mint), 렌스 익스프레스(Lens Express), MCI, 소니 뮤직(Sony Music), 월풀(Whirlpool) 등 잘 알려진 회사가 많다.

또 하나의 특징으로는 '핫 바이(Hot Buys)' 코너를 운영하면서 북미 전역에 잘 알려져 있는 제품을 제한시간 동안 한정 판매하는 방식이다. 그리고 '버추얼 테이블톱(Virtual Tabletop)' 코너에서는 쇼핑객이 직접 접시나 컵, 식기, 기타 액세서리를 골라서 자신만의 멋진 식당 공간을 연출할 수 있도록 도와주고 있다.

끝으로 매우 중요한 특징 한 가지를 더 소개하자면 퀵스타는 B2B 방식의 '비즈니스 투 비즈니스(Business to Business)' 코너를 통해 직장인을 위한 상품과 서비스를 제공하고 있다는 것이다.

물론 위에 소개한 모든 제품은 고객의 집 앞까지 배달이 가능하다. 때문에 이런 모든 점으로 본다면 퀵스타의 매출이 빠른 시간 안에 급증하는 것은 결코 놀라운 일이 아니다.

자동 배달 주문 시스템

이미 앞에서도 언급했지만 위에서 살펴본 목록의 대부분은 편의용품이거나 쉽게 재구매가 일어나는 소모성 품목들이다. 그래서 이들 품목은 대개 매주 반복 구입을 하게 되는 품목이기도 하다.

우리는 매주 2시간 정도를 할애해 똑같은 쇼핑 목록을 종이에 적어 들고 슈퍼마켓에 가서 힘들게 쇼핑한다. 그리고 진열된 물건들로 빼곡한 통로를 여기저기 걸어다니며 지난주와 똑같은 상품 진열대에서 눈을 가리고도 고를 수 있는 물건들을 집어 들고 무거운 쇼핑 봉투를 끌고 나온다.

슈퍼마켓은 1950년대에 등장한 이후 현재까지 많은 사람들이 애용하는 현대적인 형태의 상점이다. 물론 취급하는 상품 역시 현대적이다. 한때는 거의 모든 제품을 잡화점이나 식료품점, 또는 정육점 별로 따로 취급하고, 가게 주인이 물건 별로, 주문내역 별로 팔던 때가 있었다. 그리고 당시에는 가족 단위로 가게를 운영했기 때문에 고객이 주문을 하면 집까지 배달해 주었다.

나는 제2차 세계대전이 끝난 뒤, 영국의 한 시골 마을에서 어머니가 이런 방식으로 장을 보곤 하던 것을 지금까지도 기억하고 있다. 어머니는 주머니에 들어갈 만한 크기의 작은 장바구니 수첩 2개를 가지고 있었다. 그리고 매주 어머니는 이 수첩 중 하나를 꺼내, 1파운드 설탕 하나, 1파운드 버터 하나, 1파운드 밀가루 2개 등등 새로 주문할 것의 목록을 적으셨다. 이 목록을 내밀면 가게 점원은 갈색 비닐봉지에 각각의 물건을 골고루 넣어, 나무 상자에 담아 집까지 배달해 주었다.

어머니는 그 점원에게 '첫 번째' 수첩으로 주문한 물건의 값을 치루고, 다음 주에 구입할 품목이 적힌 '두 번째' 주문 수첩을 건네주었다. 어머니의 장보기는 항상 이런 식으로 이루어졌다. 지난주에 건네준 수첩으로 배달된 물건을 받고, 나머지 다른 수첩을 다시 건네, 다음 주에 필요한 물건을 주문하는 식이었다.

그런데 문제는 그 수첩에 적힌 품목들이 이번 주나 다음 주나 별반 다르지 않다는 것이었다. 어머니는 항상 지난주와 거의 같은 물건을 구입했기 때문이다. 사실 두 개의 주문 수첩 각 페이지에 적힌 품목의 90%는 매주 같은 것이었다. 그래서 한 번은 내가 "매주 같은 수첩을 다시 건네주면 편할 텐데 왜 매번 다른 수첩에 다시 적어 주느냐"고 어머니에게 물었다.

어머니는 물론 내 말대로 하면 편하다고 말씀하셨다. 그런데 물건이 배달되어 올 때 각 품목별로 가격이 전부 기재되어 돌아오기 때문에 장보기 예산에 맞춰 다음 주에 사야 할 물건을 결정하기 위해서는 자신의 방식이 더 도움 된다고 하셨다. 그렇다면 어머니는 왜 물건의 수도 조절하고 양도 조절하면서 장보기 예산을 맞출 수 없었던 것일까? 당시에는 외상이 없었기 때문이다. 오로지 현금을 지불해야만 배달되었던 것이다. 그러나 이제 쇼핑에서의 인터넷 혁명은 우리를 다시금 그 당시로 데려갈 것이다.

이제는 소모품뿐만 아니라 모든 종류의 온라인 상품을 정해진 시기에 자동 배달될 수 있도록 하는 일이 가능해졌다. 단지 자동 재주문 란에 간단히 표시하기만 하면 된다. 즉 이렇게 하면 새로 목록을 작성하는 것보다 훨씬 시간이 단축되고, 슈퍼마켓에서 필요 없이 시간을 허비하지 않아도 되며, 매주의 장보기 예산을 보다 효율적으로 관리할 수 있다.

예를 들어 퀵스타의 '자동 배달 주문(**Ditto Delivery**)' 프로그램을 이용해 소모품에 대해 정기 주문을 해 놓으면 기호가 변하거나 예산이 달라졌을 때만 다시 적절하게 변경하면 된다.

슈퍼마켓은 이와 같은 서비스를 원하는 고객의 수요를 잡지 못하고 있다. 게다가 단지 1/4 정도의 슈퍼마켓들만이 어떤 형태로든 가정에서의 주문 또는 가정으로의 배달 프로그램을 제공하고 있을 뿐이다. 그러나 많은 사람들은 식료품 쇼핑을 성가신 일로 여기고 있다. 한 연구 결과에 따르면 22가지의 집안일 중에 가장 꼴찌가 집안 청소였고, 꼴찌에서 두 번째가 식료품 쇼핑이었다. 즉, 사람들이 식료품 장보기를 그다지 좋아하지 않는다는 뜻이다.

이와는 대조적으로 온라인 소비자의 23%는 이미 온라인에서 식료품을 구입한 경험을 갖고 있다. 이들의 경우 슈퍼마켓을 다녀오는데 걸리는 일주일에 2시간씩의 고통스런 시간이 인터넷상에서는 10분간의 행복한 클릭 시간으로 바뀐 것이다. 요컨대 슈퍼마켓은 사람들의 시간을 많이 빼앗아가고, 소비자들은 이 소중한 시간을 되돌려 받아 가족과 함께 보내고 싶어 한다. 그런데 퀵스타의 자동 배달 주문 시스템이 이 소중한 시간을 되돌려 주고 있다.

즉, 퀵스타의 모든 IBO들이 자동 배달 주문 시스템을 완전히 받아들여 활성화시킨다면 퀵스타는 더욱 큰 성공을 거둘 것이다. 결국 자동 배달 주문 시스템은 전자상거래가 궁극적으로 완전하게 추구해 나가야 할 핵심이기 때문이다.

일상 식료품을 소모된 만큼 자동으로 보충해주거나 또는 '자

동 배달 주문'해주는 서비스는 유통과 마케팅 측면에서 매우 큰 효과를 거둘 것이다. 그리고 그 결과, 온라인을 통한 식료품 판매는 활성화될 것이 분명하다. 지금 퀵스타는 시장을 장악할 수 있는 지위를 확보하고 있으며, 특히 썩지 않게 포장한 '건조' 식품류에서는 더욱 확고한 지위를 굳힐 것이다.

퀵스타 사업의 시너지 효과

퀵스타는 IBO들에게 그들이 직접 구입한 제품에 대해서, 그리고 그들이 후원한 사람들이 구입한 제품에 대해서 후원수당을 지불한다. 이것은 고객들이 오랫동안 유지해준 구매 습관에 대해 지불하는 당연한 보상이다. 이 보상 내역을 살펴보자.

퀵스타가 IBO들에게 지불한 후원수당
• 2000년:1716억 원
• 2001년:2760억 원

각각의 IBO들은 퀵스타가 소위 '3단계 디지털사업'이라고 부르는 모델을 통해 수입이 발생하는 사업을 펼칠 수 있다. 그

3단계 모델이란 개인의 쇼핑 실적, 회원 후원에 따른 수당, 그리고 자영사업이라는 세 가지의 시너지 효과(Synergy Effect)로부터 비롯된다.

인터넷을 이용하는 사업자들은 이 모델을 통해서 인터넷을 기초로 하는 사업을 펼치게 된다. 그리고 여기에는 인터넷사이트를 만드는데 들어가는 비용이나 제품 개발, 유통과 관련된 어떤 비용도 들지 않고, 머리 아픈 문제도 없다.

퀵스타는 광고나 중간 도매상이 따로 필요 없기 때문에 총 매출액에서 평균 28%를 IBO들에게 지불한다. 즉 자신 소유의 인터넷 쇼핑몰에서 직접 물건을 구입하고 다른 IBO들에게도 그렇게 하도록 정보를 알려 줌으로써 수입을 창출하는 것이다.

IBO들은 가족 모두가 자신의 쇼핑몰에서 구매를 하고 수당을 받는다. 또한 새로운 고객과 회원들을 퀵스타 인터넷사이트로 안내하고, 다른 새로운 IBO들이 각자의 비즈니스를 펼쳐 나갈 수 있도록 도와준다. 그리고 더 많은 사람들이 IBO로서 사업을 펼칠 수 있게 도와줄수록, 자신의 쇼핑몰에서 더 많은 매출이 일어나기 때문에 수입 또한 더 많이 늘릴 수 있다.

퀵스타의 전자상거래 모델은 과거의 다단계 마케팅 모델과는 완전히 다르다. 예를 들어 과거의 다단계 판매 회사들이 몇 가지에 불과한 제품을 가지고 사업을 전개했다면(그나마 그 제품들은 유사품이 범람해 치열한 경쟁에 휘말리곤 했다), 온라인 주문과 '자동 배달 주문'을 핵심으로 하는 퀵스타 모델은 건전하고 미래지향적인 비즈니스를 이상으로 추구한다.

즉 과거의 다단계 마케팅이 일부 IBO들이나 판매자(Distributer) 또는 판매원들이 창고에다 물건을 가득 쌓아 놓아 말썽이 나는 경우가 비일비재했다면(한 마디로 매우 영세한 사업), 퀵스타는 다양한 제품 선택과 고객 중심의 배송 체계, 여타의 부가가치 창출 개념들로 인터넷에서 가장 완벽하게 실현될 수 있는 모델이다.

'자동 배달 주문' 시스템을 충분히 활용하는 IBO들은 기존의 방식에서 벗어나지 못하고 있는

> **퀵스타 모델은 건전하고 미래지향적인 비즈니스를 이상으로 추구한다. 즉 다양한 제품 선택과 고객 중심의 배송 체계, 여타의 부가가치 창출 개념들로 인터넷에서 가장 완벽하게 실현될 수 있는 모델이다.**

사업자들에 비해 평균 260%나 많은 수입을 올리고 있다. 바로 이러한 여건들 덕택에 인터넷이 지니고 있는 네트워크 효과와 효율성이 증대되어 1년에 2760억 원의 수당이 창출되고 지속적으로 성장해갈 수 있는 것이다. 또한 이러한 사실들은 인터넷

혁명이 지니고 있는 가치 창조의 막강한 힘을 잘 증명해 주는 증거이기도 하다.

인터넷 혁명의 중심, 퀵스타

퀵스타는 인터넷 혁명에 비교적 늦게 합류했다. 그러나 일단 인터넷 혁명에 동참하자마자 막강한 영향력을 발휘하기 시작하여 후퇴하는 일 없이 앞으로만 전진했다.

1999년 말에 출범한 퀵스타는 당시 홈페이지의 각 하이퍼링크 페이지 수가 1만 5000페이지에 달했다. 이는 제너럴 모터스 홈페이지의 하이퍼링크 페이지 수만큼 거대한 규모였다. 그래서 홈페이지가 열린 후 첫 24시간 동안 퀵스타 인터넷사이트는 2000만 건 이상의 접속을 기록하며 그야말로 폭발적인 관심을 모았다. 그리고 그로부터 채 **2주일이 지나기도 전에 퀵스타는 지구상에서 5번째로 큰 인터넷 쇼핑몰로 부상했다.** 이 기간 동안에 퀵스타는 무려 80만 명의 다양한 고객들이 홈페이지를 방문했다. 그리고 총 페이지 조회수가 5200만 페이지에 이르렀고, 하루 매출액이 처음으로 12억 원을 넘어서는 기록을 세웠다.

출범 후 100일이 지났을 때 퀵스타의 누적 매출액은 1200억 원으로 올라섰다. 그리고 인터넷사이트는 4000만 건의 뜨거운 접속을 보이며 하루 매출액만도 24억 원에 이르렀다. 퀵스타 인터넷 쇼핑몰은 1999년 연말연휴 쇼핑 시즌에는 사이트 접속량 순위에서 당당히 15위에 랭크되었다.

2000년 1월이 되자 퀵스타의 사이트 접속량 순위는 13위로 올라섰고, 10위권의 사이트 접속량과도 별반 차이를 보이지 않았다. 그런데 이 모든 것들은 퀵스타가 출범한 지 불과 4개월 만에 이루어진 것이었다.

200일이 지나자 누적 매출액은 3000억 원까지 올라갔다. 그리고 얼마 지나지 않아 일일 매출액을 기록적으로 갱신하기 시작했다. 48억 원을 기록하고 다시 60억 원을 갱신하더니, 이윽고 72억 원에 이르렀다.

퀵스타는 매우 빠른 속도로 인터넷 전자상거래 최고 기업들 중 하나로 자리매김하면서 승리자로 부상했다. 그것도 광고비를 단 한 푼도 지출하지 않고서 말이다.

2000년 9월 미국 소매점 연합에서 발행하는 잡지는 퀵스타를 매출액 대비 7위의 전자상거래 인터넷사이트로 올렸다. 사실 이는 퀵스타 간부들의 말을 빌어 매출액을 산정한 것이기 때문에 회사가 실제로 올린 매출액보다 낮게 잡힌 것이었다. 따라서 실제 순위는 더 높았어야 했다. 그로부터 한 달 뒤에 『인터넷 월드』라는 잡지는 최고의 전자상거래 회사들을 순위별로 소개 했는데, 거기에서 퀵스타는 비공개 거래 기업이라는 이유로 제 외되었다. 그러나 퀵스타가 기록한 6216억 원의 매출액을 당시 '톱 10'에 속한 기업들의 매출액과 비교하면 2000년도에는 5위 에 랭크되었어야 했다.

인터넷사이트 순위에서 퀵스타의 빠른 상승은 쉽게 멈추지 않았다. 디앤티(Deloitte & Touche)가 자체 조사한 바에 따르면, 캐나다에서 퀵스타는 1위를 차지한 시어스(Sears:미국의 통신 판 매회사) 다음으로 소매업 부문 2위에 오른 인터넷사이트였다. 그리고 「비즈니스 2.0」이라는 잡지는 건강 및 미용 분야에서 퀵 스타를 1위로 산정했다. 또 「해리스 인터랙티브(Harris Interactive)」는 건강 및 미용 분야에서 퀵스타가 전체 온라인 매 출액 가운데 22%를 차지해, 서로 경쟁관계에 있는 에이본과 메리 케이를 제치고 1위를 차지했다고 밝혔다.

2001년 11월 「인터랙티브 위크(Interactive Week)」지는 전체 온라인 소매업 분야 매출액에서 퀵스타가 이베이를 제치고 아 마존 다음인 2위에 올랐다고 발표했다.

『미래의 닷컴 소비자』에서 나는 일관되게 2010년이 되면 퀵스타가 온라인 소매업 인터넷사이트들 중에서 '톱 5' 안에 오를 것이라고 예측했다. 따라서 이제 퀵스타 인터넷사이트 자체에 주목해 보면, 이 사이트는 매우 기능이 뛰어나고 재미있으며 사용하기 편해서 고객의 개인별 취향에 잘 맞는 인터넷 쇼핑 포털 사이트라고 말할 수 있다(이 말은 수많은 퀵스타 구매자들이 한 말이다).

당신이 인터넷사이트의 어디에 있든지 간에 FAQs(자주 하는 질문)와 같은 코너를 클릭하면 '도움'을 받을 수 있을 뿐만 아니라 다양한 관련 정보까지도 서비스 받을 수 있다. 단적인 예를 하나 들면 '전문가에게 물어보기' 코너는 존 홉킨스 대학과 자동 링크되어 있다. 여기서 퀵스타 인터넷사이트 이용자는 자신이 필요로 하는 올바른 영양보급제를 선택하는 데 도움 받을 수 있다. 또한 고객들은 '개인 평가' 코너에 자신의 식생활 습관, 스트레스 요인, 전반적인 라이프스타일 등을 기입할 수 있다. 그러면 퀵스타는 이 정보를 분석하여 그에게 가장 이상적으로 어울리는 제품들을 맞춤식

> *2001년 11월 「인터랙티브 위크(Interactive Week)」지는 전체 온라인 소매업 분야 매출액에서 퀵스타가 이베이를 제치고 아마존 다음인 2위에 올랐다고 발표했다.*

포트폴리오로 구성하여 제공한다.

퀵스타 인터넷사이트는 처음부터 끝까지 산뜻하고 큰 즐거움을 주며 많은 점에서 현대 소비자들의 라이프스타일에 어필할 수 있도록 꾸며져 있다. 즉 이런 이유로 퀵스타 인터넷사이트에는 늘 새로운 방문객이 끊이지 않고, IBO들은 지속적으로 반복 구매를 한다.

디지털 친화적 포지셔닝

퀵스타 인터넷사이트는 상대적으로 젊은 소비자에게 더 많이 어필한다. 왜냐하면 이 사이트는 단지 상품을 판매하는 사이트라기보다 인터넷 라이프스타일이라고 하는 하나의 새로운 라이프스타일을 창조하기 때문이다.

또한 퀵스타는 기존의 오프라인 비즈니스 업계에서 성공한 사람들에게도 관심의 대상이다. 그들은 퀵스타를 통해 온라인 독립사업자로서 개인적 야망과 재정적 야망을 성취하고 싶어 하기 때문이다.

향후 30년 동안 많은 종류의 상품을 소비할 주인공인 디지털 친화적 세대(X세대와 Y세대)는 이제 성장해서 자신의 가정을 꾸리기 시작했다. 그리고 퀵스타는 이런 내일의 소비자들에게 다가가고 있다.

퀵스타는 누구든지 참여해 다음의 3가지 지위 중 하나를 선택할 수 있다.

• 고객(Client)

이들은 정기적으로 퀵스타에 들러 쇼핑을 하고 퀵스타가 제공하는 상품과 쇼핑을 즐긴다.

• 회원(Member)

회원으로 가입하면 가격 할인 혜택과 함께 회원으로서 누릴 수 있는 각종 혜택을 받는다.

• 독립사업자(IBO)

IBO가 되는 것은 성공으로 가는 유력한 방법이다. 당신이 고객이나 회원이 되어 퀵스타에서 쇼핑을 하고자 한다면 그 과정에서 자신의 온라인 사업을 시작해야 하지 않겠는가?

독자적인 능력 개발 프로그램

판매와 마케팅을 잘 하는 기업들이 의례 그런 것처럼 퀵스타 역시 **IBO**들을 위한 훌륭한 능력 개발 프로그램을 가지고 있다. 이 프로그램은 다음과 같은 '하이터치'의 후견인 교육제도와 '하이테크'의 각종 교육용 도구들이 잘 조화를 이룬 것이다.

• **후견인 교육 제도**

후견인 제도는 퀵스타에서 이미 크게 성공한 사업자들에 의해 제공된다. 이 제도는 '풍부한 경험자의 조언'을 전수받는 과정으로 현재 활동하고 있는 모든 네트워크 마케팅의 비즈니스 리더들은 그들이 후원하고 있는 모든 새로운 신규 IBO들이 사업적인 측면과 재정적인 측면에서 성공할 수 있도록 도와주는데 끊임없는 관심을 갖고 있다. 이것은 전통적인 비즈니스 세계에서 기업의 보스들이 보여주던 이른바 강압적 리더십 개념과는 전적으로 다르다. 기업의 보스들은 대부분 자기 자신의 출세에만 관심이 있기 때문이다.

이 제도는 강압적 리더십 개념과는 대조적으로 퀵스타를 통해 신규사업을 시작하려고 하는 사람들이 이미 성공한 비즈니스 리더들로부터 어떻게 하면 사업이 잘 되고, 어떻게 하면

잘 안 되는지, 피해야 할 근본적인 실수들은 무엇인지, 사업
장을 구축할 때 시간을 절약하고 트러블을 피하는 방법들은
무엇인지에 대해 다양한 교육을 받는 것이다. 네트워크 마케
팅에서 돈을 가장 많이 버는 사람들은 가장 지식이 많은 사람
들이라고 말할 수 있다. 따라서 그들의 지식을 전수받는 것은
매우 가치 있는 일이다.

교육용 도구

하이테크적인 교육용 도구로는 책, 테이프, 비디오, CD를 비
롯해 세미나와 컨퍼런스 등 매우 다양하다. 그러나 이러한 도
구들이 단순히 교육 자료로만 사용되는 것은 아니다. 이 교육
용 도구들을 마스터하게 되면 그 도구가 바로 사업 구축용 도
구가 되고 후원 자료가 되어 사업을 진행하는 과정에서 전문
적인 신뢰성과 끊임없는 자극제의 역할을 해주기 때문이다.
모든 교육은 자신과 사업을 위해 제공되는 투자 행위다. 즉
이러한 교육을 통해 자신감을 키우고 사업에서 성공할 수 있
는 능력을 강화시키게 된다.

이와 같은 '하이테크＋하이터치'적인 프로그램이 IBO들을
교육시키고 사업에 대한 동기를 부여한다. 이 프로그램은 IBO

들이 돈을 벌고 사업을 전개하는 과정에서 끊임없이 배움으로써, 또는 마셜 맥루한이 인터넷 시대의 '일'이라고 묘사한 것처럼 '삶을 배우는' 과정을 통해서, 직업적으로나 인간적으로 성숙해지도록 도움을 준다.

1대1의 고객 공동체

퀵스타의 '하이테크'적인 인터넷사이트와 사업 구축 시스템은 고객관계 기술을 활용하여 최고의 열정을 지닌 IBO들이 뿜어내는 퀵스타의 트레이드마크 격인 '하이터치'적 쌍방향 고객 관계를 유지하는 데 큰 도움이 되고 있다. 즉, 유능한 IBO들은 오프라인에서 자신의 네트워크를 구축하고, 온라인에서 매출을 일으키며, 온라인과 오프라인을 모두 활용해 자신의 전자상거래를 운영해 나간다. 그러므로 미래에 퀵스타가 얼마나 성공을 거둘지의 여부는 '하이테크+하이터치'로 이루어진 고객 공동체를 구축하는 방법을 잘 이해하는 IBO들을 얼마나 많이 양성하느냐에 달려 있다.

IBO들은 온라인 사업이 성공하기 위해서는 1대1의 인간 친화적이고 장기적인 안목에서 고객 관계를 구축하고, 거기에다

협력적인 팀워크와 IBO들 간의 활발한 교육 전수가 이루어져야 한다는 것을 잘 알고 있다. 따라서 하이터치의 마인드를 가진 퀵스타의 IBO들은 퀵스타가 기존의 오프라인 업체들이나 순수 온라인 업체들 또는 여타 다른 많은 소매업 분야 경쟁자들을 물리치고 성공할 수 있게 하는 가장 핵심적인 위치에 있는 사람들이다.

네트워크 마케팅을 제외한 다른 어떤 분야에서도 이 중요한 '인간적 요소'를 마케팅 전략에 접목시키지는 못했다. 아마존은 인터넷사이트를 완전히 고객 위주로 구성하여 고객별 개인화를 이루는 데는 성공했지만 고객들 간의 상호작용이나 사업을 성공적으로 키우는 방법을 배우는 데 필요한 인간적 요소들을 구축하는 데는 여전히 부족하다.

> *하이터치의 마인드를 가진 퀵스타의 IBO들은 퀵스타가 기존의 오프라인 업체들이나 순수 온라인 업체들 또는 여타 다른 많은 소매업 분야 경쟁자들을 물리치고 성공할 수 있게 하는 가장 핵심적인 위치에 있는 사람들이다.*

인터넷의 세계로 향하는 수많은 **IBO**들의 열정과 야망이 놀라운 성장가도를 달리고 있다. 그리고 인터넷의 세상에서 그들을 성공으로 이끄는 지렛대 역할을 하면서, 그들로 하여금 새로운

21세기의 사이버 드림(**Cyber Dream**)을 창조하게 하고 있다. 이것은 앞으로 수천만 명이 열망하게 될 꿈이다.

인터넷 쇼핑의 새로운 지배자

이 장을 마무리하기 전에 온라인 전자상거래 시장은 승자 독점 시장으로 발전하려는 경향이 있다는 사실을 명심할 필요가 있다. 네트워크화된 시장에서는 하나의 단일 기업이 새로운 고객들을 선점하여 경쟁을 사전 봉쇄함으로써 압도적인 독점적 지위를 확보하는 경향이 있다. 즉 '승자독식'의 세계에서, 그것도 제품 분야에서 최고가 된다는 것은 대단히 의미 있는 일이다. 물론 2인자가 되는 것 역시 매우 좋은 일이다. 그렇지 않으면 성공해서 많은 수익을 올리겠다는 생각은 헛된 망상으로 끝날 것이기 때문이다.

네트워크 마케팅 업계에서 퀵스타는 제품 분야뿐 아니라 전체적인 기업의 이미지 면에서도 이미 한참 앞서가는 선두주자이며, 지금 이 시간에도 다른 경쟁자들보다 더욱 빠른 속도로 전진하고 있다.

어떤 인터넷사이트들이 앞으로 각각의 분야에서 승리자가

될지를 예상하기란 지금으로써는 매우 어려운 일이다. 하지만 그러한 회사들은 선점자가 누리는 특혜, 최고 브랜드로써의 명성, 또는 풍부한 자금력과 뛰어난 인적자원 덕분에 시장을 지배하게 될 것이다.

지금 상황에서 퀵스타가 온라인 최고의 네트워크 마케팅 회사가 될 것은 분명하다. 뿐만 아니라 전체 인터넷 쇼핑 세계에서 비록 '왕'이 되지는 못할지라도 적어도 최고의 온라인 소매회사 가운데 하나가 될 것임은 확실하다.

결국 온라인과 오프라인 할 것 없이 소매산업이 침체하는 것을 보면서 우리는 인터넷의 '빅뱅'이 도래하고 있음을 감지할 수 있다. 그리고 우리는 인터넷 전자상거래라는 대우주가 더욱 진화하고 소행성들이 제자리를 잡으면, 21세기에 세계 최고의 소매산업 반열에 올라서게 될 소수의 승리자가 누구인지 분명하게 알게 될 것이다. 그리고 나는 퀵스타가 빛나는 '태양'이 될 수 있는 놀라운 기회가 다가왔다고 확신한다. 이 태양은 눈부신

> *지금 상황에서 퀵스타가 온라인 최고의 네트워크 마케팅 회사가 될 것은 분명하다. 뿐만 아니라 전체 인터넷 쇼핑 세계에서 비록 '왕'이 되지는 못할지라도 적어도 최고의 온라인 소매회사 가운데 하나가 될 것임은 확실하다.*

빛을 발하고 그 찬란한 광채 안으로 들어오는 모든 사람에게 풍요로운 삶을 가져다 줄 것이다.

퀵스타의 신규 사업자와 기존의 사업자 모두는 인터넷을 기반으로 하는 가족 기업이라는, 자유로운 세상에서 풍성한 열매를 수확할 수 있는 절호의 기회를 맞이하고 있다.

제 7 장

1대1 마케팅 혁명과 프로슈머 마케팅
성 공 적 인   인 터 넷   사 업   전 략

온라인 마케터들은 '인터넷 마케팅의 **6Ps**'를 활용하여 자신의 사업 전략을 다시 세우고 온라인에서의 자신의 입지를 재정립할 필요가 있다.

이것은 퀵스타가 이미 정립해놓은 것과 정확히 일치하며, 현재 매우 훌륭하게 돌아가고 있다. 따라서 **IBO**들은 지금까지에 만족하지 말고 이를 바탕으로 부단히 자신의 비즈니스 마케팅 전략을 재검토하고 재구성할 필요가 있다.

인터넷 마케팅의 6Ps

1993년에 출간된 『미래의 소비자』에서 이미 나는 마케팅에서의 전통적인 '4Ps'가 인터넷(당시에는 '정보 초고속도로'라고 불렸음)에 의해 '새로운 4Ps'로 어떻게 변환될 것인지 예견한 바 있다. 이들 4Ps는 다음의 첫 번째 두 항목에 잘 나타나 있다.

종전의 4Ps	새로운 4Ps	새로운 6Ps
제품(Product)	대량 주문제작 제품(Product)	대량 주문제작 제품(Product)
유통(Place)	전천후 시간과 장소(Place)	전천후 시간과 장소(Place)
가격(Price)	총가치 기준 가격(Price)	변동가치 기준 가격(Price)
판촉(Promotion)	1대1 포지셔닝(Positioning)	1대1 포지셔닝(Positioning)
—	—	개인별 차별화된 서비스 (Personalized Service)
—	—	풍부한 경험 (Profound Experience)

인터넷 혁명은 '새로운 4Ps' 모델이 더 실효성 있음을 보여주고 있지만, 여기에 약간의 보완을 더 하여, 결국 2개의 P가 마케팅 전략에 추가되고 위의 세 번째 항목에 나와 있는 것과 같은 '새로운 6Ps'를 등장시켰다.

보완된 내용에 대해 간단히 설명하자면, 인터넷은 가격 경쟁을 극도로 부추겨 가격을 예측불허의 빠른 속도로 변하게 만든다. 그러므로 최종 거래에서의 '총가치 기준 가격'의 개념이 마케팅 믹스에서 여전히 유효한 부분이긴 하지만, 그 가치는 잠깐 사이에 언제든 바뀔 수 있기 때문에 '변동가치 기준 가격'의 개념으로 이해되어야 한다는 것이다. 또한 '하이터치'적인 고객서비스는 점점 '하이테크'화 되는 세계에서 고객관계를 관리하는데 최고의 전략으로 부상할 것이다.

이는 대량 맞춤주문 제품의 약점을 극복하기 위해서라도 5번째 'P'인 '개인별 차별화된 서비스'가 필요함을 의미한다. 사실 맞춤화(Customization)와 개인화(Personalization)는 모든 인터넷 마케팅에 해당되지 않는 분야가 없다.

마지막으로 온라인 마케팅에서 매우 중요한 목표 중 하나가 고객들로 하여금 인터넷사이트를 북마크(Book Mark:즐겨찾기) 하게 함으로써 언제든지, 반복적으로 사이트를 방문하게 만드는 것이다. 즉 더 많이, 더 자주, 제품을 구매할 수 있는 동기를 부여하는 것이다.

인터넷사이트의 디자인에 대한 이용자의 '경험'은 전통적인 제품의 포장이나 디스플레이 또는 광고보다 훨씬 더 중요한 요소로 작용한다. 따라서 우리는 인터넷 마케팅 믹스에 6번째 'P'인 '풍부한 경험'을 추가할 필요가 있다.

대량 맞춤 주문생산과 고객관계관리

이상에서 살펴본 '인터넷 마케팅의 6Ps'는 그 특성상 다음과 같이 두 가지 그룹으로 분류할 수 있다.

- 첫 번째 3가지 **P**는 제품 관련 요소
- 나머지 3가지 **P**는 고객 관련 요소

• 제품 관련 3Ps

사실, 첫 번째 3가지 제품 관련 'P'에 대해서는 설명할 필요가 없다. 판매를 잘 하는 사람은 제조 공정이 대량생산 체제에서 대량 맞춤 주문생산(Mass Customization)[12] 체제로 바뀜에 따라 재고를 최소한으로 줄이기 때문이다.

점점 더 많은 고객이 온라인상에서 자유롭게 직접 제품을 찾고, 고르게 된다. 그러면 사람이 거의 없는 자동화된 공장으로 순식간에 보내진 매일 매일의 주문 품목들을 마우스로 클릭하고 미리 제작하는 일은 이제 일반화되어질 것이다(2010

---

12) '매스 커스터마이제이션(Mass Customization)이라고도 부르며, 맞춤화(Customization)된 상품이나 서비스를 낮은 가격으로 대량생산(Mass Product)하는 개념을 말한다. 즉 고객의 수가 늘어날수록 한계비용이 거의 사라지는 인터넷 비즈니스의 특징이 대량 맞춤 주문생산을 가능하게 한다.

년쯤 예상).

델컴퓨터나 아마존의 사례에서 볼 수 있듯이 인터넷 마케팅 믹스의 이러한 특성은 고도로 자동화된 활동들이다. 덕분에 제조업자 겸 소매상은 낮은 고정비용과 가변비용으로 일련의 활동을 수행할 수 있다.

여기서 가장 중요한 요점은 선형적인 공급망은 이제 한물 간 개념임을 깨달아야 한다는 것이다. 즉 대량 맞춤주문 제품, 인터넷 전자상거래 채널 그리고 변동 가격 시스템이 한꺼번에 어우러지면 어떤 결함도 없이 잠시도 쉬지 않고 실시간으로 기능을 수행하는 '가치 웹(Value Web)'을 형성한다. 이것은 고객이 너무도 당연한 일상의 활동으로 여길 뿐 아니라 진정으로 마찰이 전혀 없는 상호독립적인 네트워크임에 틀림없다. 퀴스타의 네트워크 모델은 이 '가치 웹' 개념을 구체화시키고 있다.

• 고객 관련 3Ps

나머지 3가지 고객 관련 'P'에 대해서는 온라인 마케터들이 가장 많이 신경을 써야 할 부분이다.

웹은 모뎀으로 서로 이어진 인터넷을 통해 입에서 입으로 전해

지는 구전홍보효과를 증폭시킨다. 따라서 마케터들은 모든 가용 자원을 최대한 활용하여 풍부한 고객 경험을 얻도록 해야 한다. 즉 고객의 경험을 최적화하기 위해서는 데이터베이스 마케팅과 고객관계관리(CRM:Customer Relationship Management) 그리고 인터넷사이트 디자인에 많은 시간과 돈이 투자되어야 한다.

특히 인터넷사이트의 디자인은 단순히 인터넷사이트를 만들어 놓기만 하면 되는 것이 아니라 고객들로 하여금 의미를 갖게 하고, 다른 사이트와는 완전히 차별화되어야 하며, 그야말로 감동을 자아내는 그런 디자인을 말한다.

이러한 인터넷 마케팅 믹스 전략을 이용하는 목적은 빠르고, 쌍방향의 고객별 개인화가 지속적으로 가능하도록 고객 관계를 유지함으로써 고객의 반복 구매가 일어나게 하는 데 있다. 한 연구에 따르면 일단 한 인터넷사이트가 고객의 정보에 맞춰 맞춤화와 개인화를 실시하면 이때부터 고객은 1년에 약 50% 증가하고 수입은 약 55%가 증가한다고 한다. 또한 인터넷사이트의 고객별 개인화 전략을 선호하는 사람들은 다른 사이트에 비해 해당 사이트를 5번 이상 더 찾게 되며, 해당 홈페이지의 여러 정보 페이지를 다른 사이트의 페이지에 비해 적어도 2배 이상 더 많이 조회하는 것으로 조사되고 있다. 더욱 중요한 사실은 그들이 인터넷사이트에서 더 많은 시간을 보냄으로써 더 많은 상품을 구매하고 자연적으로 해당 상품에 더 많은 돈을 지출하게 된다는 점이다. 즉 이러한 판매 전략이 고객으로 하여금 해당 인터넷사이트를 더욱 자주 방문할 수 있게 한다.

실시간 가상 쇼핑

아마존의 창립자인 제프 베조스(Jeff Bezos) 회장은 이런 말을 했다. "적어도 인터넷상에서는 모든 물리적인 제약들이 완전히 사라진다. 책을 꽂을 공간은 무한정하다." 아마존은 인터넷과 연결된 세상의 모든 컴퓨터에 아마존만의 서재를 마련하고 수많은 책들을 전부 진열했다. 사실 아마존은 하나의 대형 컴퓨터 데이터베이스와 몇 개의 첨단 물류창고만을 가지고 이 거대한 일을 해냈다.

이처럼 인터넷은 쇼핑을 물리적 장소로부터 분리시켰다. 이것은 마치 우리가 자동차를 이용함으로써 동네나 시내의 슈퍼마켓에서 빠져 나와 교외의 대형 쇼핑몰로 이동하는 것과 같다. 따라서 과거 오프라인에서 불문율처럼 여겨졌던 "위치가 중요해", "목이 좋아야 해", "장소가 중요해" 등의 말은 이제 장소가 필요 없는 인터넷 쇼핑몰에 의해 점차 사라지고 있다. 이제는 본사도 필요 없다. 점포도 필요 없다. 오직 인터넷사이트와 물류창고만 있으면 된다.

이와 같은 인터넷 마케팅 믹스 전략은 기존의 광고, 마케팅 및 판매 전략 사이에 각각 구분되어 있던 선을 하나로 합치거나 아예 없애버렸다. 즉 전자상거래에서는 이처럼 기능이 분리되는 것은 무용지물일 뿐이다.

대신 오늘날에는 인터넷의 멀티미디어적 특성을 이용하여 전체적으로 각 고객이 해당 인터넷사이트에서 느끼는 경험을 최적화하도록 모든 전략을 집중하는 것이 마케팅의 목적이다. 그리고 퀵스타가 보여주고 있는 것처럼 이제 광고를 할 필요도 없다.

온라인 전자상거래의 세계에서는 인터넷 마케팅이 실시간으로 이루어져야 한다. 월별·분기별 마케팅 캠페인이나 해당 기간 동안의 판매 실적 보고 등은 이제 모두 무의미한 일이다. 개별 고객은 '하나의 시장'이며 개별 고객에 대한 '캠페인' 역시 판매 거래가 이루어질 때마다 '쉴 새 없이' 변경되어야 한다. 따라서 여기서 가장 중요한 것은 개별 고객의 비즈니스가 지니고 있는 평생 가치다.

판매 시장의 중심 이동

절대 다수의 오프라인 소매업자와 대다수의 기존 네트워크 마케터들은 온라인으로 가는 것을 극도로 못마땅해 하는데, 그 이유는 현재의 판매 시장을 놓고 서로 나눠먹기의 관계에 놓이는 것을 두려워하기 때문이다. 물론 나중에 가서는 그들도 경쟁자들이 시장을 잠식하기 전에 스스로 자신의 사업을 접어야 할 것인지를 놓고 갈등을 겪을 것이다. 그리고 결국 한 온라인 소매업자가 물건을 하나 팔 때마다 오프라인 소매업자는 자신의 매출액이 그만큼 떨어지는 일을 경험할 것이다. 그러나 많은 판매업자들은 그러한 사실에 대해서 아주 쉽게 냉소를 머금는다. 그들은 순진하게도 인터넷 쇼핑이 단순히 소규모의 틈새시장 정도에 지나지 않는다고 생각하기 때문이다.

세상의 모든 트렌드는 처음에는 작게 시작된다. 그리고 이때 일반적으로 규모가 큰 기업들은 처음에는 그들의 시간과 땀을 쏟을 만한 가치가 없는 매우 작은 시장쯤으로 생각하고 별 의미를 부여하지 않는다. 하지만 유행이 거리에서부터 살아 숨쉬기 시작하는 것처럼, 소매업의 세계는 소비자들이 가는 방향으로 따라갈 수밖에 없다. 그리고 지금 소비자들은 온라인으로 발걸음을 옮기기 시작했다.

더욱이 인터넷 쇼핑을 일찍 시작할수록 고객의 입장에서는 그만큼 이익이 된다. 왜냐하면 온라인에서는 낮은 수익률로도 충분히 비용을 만회할 수 있으며 고객에게 저렴한 쇼핑을 할 수 있는 환경을 제공하기 때문이다.

퀵스타와 같은 온라인 소매업자들은 인터넷이 지니고 있는 무한한 힘을 이용하여 고객이 주문한 상품을 직접 배송하고, 고객별 구매 성향을 데이터로 파악해 IBO들이 자신의 사업을 구축하고 관리하도록 돕는다.

우리는 인터넷 쇼핑과 관련하여 가장 기본적인 경제원리만 알아도 그것이 아주 매력적임을 금방 판단할 수 있다. 예를 들어 오프라인에서 물건 하나를 주문해 손에 넣기까지 직접 하게 되면 평균 약 3600원(또는 그 이상이며 계속 오르는 추세)의 비용이 소요되는데 비해, 온라인의 '자동 배달 주문' 시스템을 이용하면 단지 평균 240원(또는 그 이하이며 계속 내리는 추세)의 비용만이 소요된다는 사실을 알게 된다. 그리고 더 중요한 사실은 이러한 비용의 차이 문제는 온라인과 오프라인 사이에 존재하는 다른 차이점에 비하면 아무 것도 아니라는 점이다.

갈수록 치열해지는 경쟁으로 인해 점점 더 많은 가격인하 혜택을 누리는 인터넷 마케팅에 비해 재래식 마케팅은 비용 면에서조차 적어도 4배가량은 더 많이 든다. 인터넷 마케팅의 치열한 경쟁으로 인해 고객은 가격 인하, 맞춤 주문, 쇼핑 시간 절약, 시장 접근의 용이성, 특정 고객 판촉, 최저 광고 또는 무광고, 즉석 현찰판매거래 등과 같은 다양한 혜택들을 누릴 수 있다. 물론 온라인 가게는 이상의 것들 외에도 지금껏 재래식 점포나 유통업자가 할 수 있었던 것보다 훨씬 다양한 제품 선택을 할 수 있게 해준다.

그리고 퀵스타와 같은 온라인 소매업자들은 인터넷이 지니고 있는 무한한 힘을 이용하여 고객이 주문한 상품을 직접 배송하고, 고객별 구매 성향을 데이터로 파악해 IBO들이 자신의 사업을 구축하고 관리하도록 돕는다.

온라인 소매업 분야에서 성공하려면 새로운 상술, 새로운 기술, 그리고 종전의 오프라인 시장에서 통했던 것과는 전혀 다른 내용의 새로운 고객 서비스 기술을 갖추고 있어야 한다.

기존의 많은 판매업자는 헛소리 그만 하라고 소리를 지를지도 모른다. 그들은 너무나 급속도로 변해버린 시장에서의 게임 룰을 더 이상 이해할 수 없기 때문이다. 또 만약 **1990**년에 했던 비즈니스 방식으로 미래의 소비자를 압도할 수 있다고 생각하는 사람이 아직도 있다면, 아마도 그는 머지않아 지구를 떠나야 할 것이다.

지금 인터넷이 유통 채널과 상품 마케팅을 급격하게 변화시키고 있는 것은 분명한 사실이다. 때문에 인터넷과 보조를 맞추지 못하는 비즈니스는 얼마 가지 않아 디지털 경쟁에서 멀어질 것이다.

디지털 경제가 시사하는 바는 모든 비즈니스는 디지털적으로 경쟁력을 가지고 있어야 한다는 것이다. 그리고 디지털 경쟁력을 갖기 위해서는 기업이 온라인 시장에 뛰어들어 온라인을 이용해 사업을 해야 한다는 것이다. 왜냐하면 결국 모든 고객이 가장 쉽게 접근할 수 있는 곳이 바로 온라인이기 때문이다.

대중 광고에서 1대1 맞춤 광고로

인터넷 혁명은 '대중' 광고의 시대를 산산조각내고 있다. 소비자들은 각자의 손가락 지문만큼이나 모두 제각각이다. 그리고 인터넷은 이런 특성을 살려 개인별로 차별화된 마케팅을 하고 있다.

농경시대에는 광고라는 것 자체가 없었다. 마케팅은 해당 지역별로 이루어졌으며, 개인별 소비자의 기호와 구매 패턴을 토대로 이루어졌다. 그리고 그 후 산업혁명이 일어나자 대량생산, 대량소비, 대량광고로 인한 몰개성의 시대가 펼쳐졌다. 그러나 인터넷 혁명이 다시 모든 것을 바꿔 놓았다. 개인 구매자들은 다시 개인별 고객 중심의 시스템을 이용할 수 있게 되었다.

인터넷 구매자들은 상품으로부터 얻을 수 있는 이득에 대해 완전한 정보를 얻고 싶어 하며, 그들의 이러한 가치 추구는 상품에 대한 구체적인 정보를 통해서 가장 잘 충족된다. 즉 사람들이 정보력에 기준을 두고 구매활동을 하는 시대에는 떠들썩한 판매광고나 과장광고는 오히려 역효과를 낸다.

오늘날의 소비자들은 소매점에서 물건을 사면서 상품 가격에 포함되어 있는 광고비 일부를 간접적으로 지불하고 있다. 그에 비해 네트워크 마케팅의 '프로슈머'들은 광고비가 전혀 포함되어 있지 않은 상품을 산다. 왜냐하면 프로슈머들은 상품을 직접 구매하기 때문이다. 또 이들이 구매하는 상품은 입소문이나 온라인의 쌍방향 정보 교환에 의해 자체적으로 직접 판매가 되기 때문에 광고비가 전혀 없다.

전통적 광고는 고객에게 상품의 존재를 알리고 상품의 장점을 선전하는 방식에 기초를 두고 있다. 그런데 인터넷은 고객들을 가상의 상품 진열장에 연결시키고, 해당 고객에게 각각 자신과 관련된 정보를 충분히 제공해줌으로써 다양한 상품 속에서도 자신에게 가장 적합한 구매 결정을 내릴 수 있도록 돕는다.

사실 인터넷은 비용은 상대적으로 저렴하면서도 정보 능력은 뛰어난 미디어라고 할 수 있다. 또한 인터넷 사용자들은 수동적으로 듣기만 해야 하는 라디오 광고나 읽기만 해야 하는 신문 광고와는 달리 인터넷상에서 직접 눈으로 주시하며 쌍방향으로 전달되는 상품 정보를 접할 수 있다. 즉, 인터넷은 다이내믹하고 고객 중심적이며, 개인적으로 선호하는 취향의 메시지와 판매가 이루어질 수 있는 환경을 제공한다.

잘 디자인된 홈페이지는 여러 다른 매체들이 추구하는 다양한 광고 목적을 가장 완벽하게 실현한다. 즉 홈페이지는 고객의 흥미를 유발하고, 이미지를 창출하며, 교육을 제공하고, 직접 답변을 줄 뿐만 아니라 확실한 판매를 하기도 한다.

고객이 직접 상품을 보고, 상품에 대해 빠르고 구체적으로 조사하며, 가격을 비교한 다음 구매를 결정할 수 있는 유일한 미디어가 바로 인터넷이다. 그리고 인터넷은 위의 모든 행동에 대해 시간과 돈까지 절약할 수 있다. 더욱이 앞에서 여러 차례 언급한 것처럼 퀵스타 '프로슈머' 들은 그들이 구매하는 모든 상품에 대해 일정한 수당을 받는다.

산업혁명 이전에는 입소문을 통한 광고가 가장 효과적이었다. 그러나 오늘날과 같은 인터넷 시대에는 모뎀을 통한 광고가 가장 효과적인 방식으로 자리 잡고 있다.

바이러리(Vilely)의 이름을 따서 '바이럴 마케팅(Viral Marke-ting:인터넷 이용자들 사이의 구전口傳 확산 효과를 노린 마케팅 기법)'이라고 불리는 인터넷 광고는 마치 바이러스처럼 번져 나간다고 해서 바이러스 마케팅(Virus Marketing)으로도 불린다. 그리고 이것은 아래의 그림이 보여주는 것처럼 각 단계마다 2배씩 증가하면서 네트워크를 기하급수적으로 복제시킨다.

```
              x

             xx

            xxxx

          xxxxxxx

       xxxxxxxxxxxxxxx

  xxxxxxxxxxxxxxxxxxxxxxxxxxxxxx
```

기하급수적인 네트워크 효과는 새로운 구매자를 불러올 뿐만 아니라 인터넷을 이용하지 않는 비즈니스보다 더 빠른 속도로 판매량을 증가시킨다. 따라서 앞으로의 인터넷 세계는 퀵스타나 아마존, 이베이 등 몇몇 대형 데이터베이스 인터넷 소매기업들에 의해 지배될 것이다.

이처럼 마케팅은 단순히 판매 자체가 중시되는 것이 아니라 1대1 쌍방향의 상호 작용을 토대로 하는 인간관계가 더 중요시되고 있다.

또한 상품의 마케팅은 인터넷 라이프스타일에 맞춰 새롭게 이루어져야 한다. 그리고 퀵스타 IBO들은 인터넷 라이프스타일을 지향하는 마케터로서, '인터넷을 통한 삶을 영위하는' 한 부분으로 제품과 온라인 구매 과정을 고객에게 홍보하는 역할을 해야 한다.

> **퀵스타의 IBO들은 인터넷 라이프스타일을 지향하는 마케터로서, '인터넷을 통한 삶을 영위하는' 한 부분으로 제품과 온라인 구매 과정을 고객에게 홍보하는 역할을 해야 한다.**

인터넷 라이프스타일이 가져온 변화는 마케팅의 개념을 '직접 만나서 파는 전략'에서 '인터넷을 통한 생활 속에서 파는 전략'으로 바꾸어 놓았다.

즉 온라인 소비자가 인터넷 라이프스타일을 어떻게 전개해나

가고, 제품이 라이프스타일을 얼마나 향상시키고 있는지 이해하는 것은 마케팅에 있어 매우 중요하다.

하이테크+하이터치 비즈니스

인터넷에서 높은 수익을 올리려면 기업들은 적어도 다음의 두 가지 측면에서만큼은 하이테크 및 하이터치적인 비즈니스를 해야 한다.

- '하이테크'적인 정보 기반 사업으로써의 비즈니스 재정의

  인터넷은 각각의 산업을 재구성하고 비즈니스의 본질을 재정의 한다. 예를 들어 금융서비스 부문은 이제 더 이상 '돈 장사'가 아니라 '돈에 관한 정보'를 취급하는 비즈니스다.

  인터넷 판매업자와 네트워크 마케팅 판매업자들은 제품에 관한 '정보'를 취급하는 비즈니스에 종사하는 사람들이다. 그들은 그들이 판매하는 제품을 실제로 보려고 하지 않는다. 대신 그들은 '하이테크'적인 인터넷 쇼핑이 필연적인 삶의 한 부분이 되는 새로운 인터넷 라이프스타일을 홍보한다.

- 고객과의 '하이터치' 적 인간관계 형성

비즈니스는 항상 사람과 사람의 상호 노력으로 이루어져 왔다. 그리고 앞으로도 그럴 것이다. 온라인 비즈니스에서의 성공 역시 인간관계를 중시하는 사람들에 의해 크게 촉진될 것이다. 경쟁자들은 제품을 복제할 수 있고, 가격을 똑같이 맞추고, 인터넷사이트를 비롯해 유사한 물류 유통 시스템을 구축할 수 있다. 하지만 그들이 결코 복제할 수 없는 것은 사업자가 최고의 고객들과 맺는 매우 특별한 개인적 유대관계다.

'하이터치' 적인 방식으로 고객과의 관계를 유지한다는 것은 단지 유대를 맺는 것에서 그치지 않는다. 신의와 믿음으로 고객과 무너지지 않는 요새를 구축하는 것을 의미하기 때문이다. 즉 이러한 신뢰는 더 많은 정보 공유, 더 빈번한 상호 교류, 나아가 더 많은 수익을 창출하는 거래로 이어진다.

고객의 평생가치가 만드는 사업

'하이테크＋하이터치' 시스템을 도입하는 기업은 디지털 세계의 경쟁에서 승리자가 될 것이다. 왜냐하면 그러한 기업은 '고객과의 공감대' 를 형성하는 데 가장 유리한 위치에 있기 때문이다.

전통적 마케터들은 일회성 판매에 초점을 맞추고 지난달에 벌어들인 수입을 계산한다. 그러나 인터넷 마케터들은 고객으로부터 나오게 될 미래가치의 수입 흐름에 초점을 맞춘다. 그들은 어제의 '시장점유율'을 계산하는 것이 아니라 내일의 '고객과의 공감대' 형성에 초점을 맞춘다.

한 사람의 고객이 실제로 어느 정도의 가치가 있는지 심사숙고해 보는 기업은 거의 없다. 그러나 인터넷 비즈니스 세계에서는 한 사람의 고객 가치에 대해 신중하게 생각하지 않으면 안된다. 또한 인터넷의 세계에서는 고객 가치에 대해 생각하는 것이 그리 어렵지 않다.

고객 한 사람에게서 기대할 수 있는 평생 동안의 가치, 즉 그 고객에게 평생 동안 제품을 판매해서 벌어들일 수 있는 순수익총액은 그

> 인터넷 마케터들은 고객으로부터 나오게 될 미래가치의 수입 흐름에 초점을 맞춘다. 그들은 어제의 '시장점유율'을 계산하는 것이 아니라 내일의 '고객과의 공감대' 형성에 초점을 맞춘다.

고객이 실제로 보여줄 구매력에 의해 좌우된다. 그리고 이때 고객의 구매력은 시대별 제품 카테고리에 따라 달라진다.

일반적으로 소득은 나이가 들어감에 따라 오르다가 정점에 다다르고 그 다음부터는 떨어지기 시작한다. 이는 나이 외에도

교육수준이나 가족규모 등과 같은 다른 여러 가지 요인이 변수로 작용하기 때문이다. 그러나 인터넷 마케터는 비슷한 특성을 보이는 고객들의 평생가치를 모델링하고, 개별 고객의 구매 행태를 바탕으로, 한 사람의 고객이 지니는 평생가치를 예측할 수 있다.

물론 이렇게 모델링한 프로필은 제품 종류와 고객의 특성에 따라 차이가 있다. 어떤 제품은 다른 제품에 비해 팔리는 횟수가 적고(생일선물용 보석류 등) 삶의 각 단계에 따라서도 팔리는 횟수가 다르기 때문이다(여행상품 등). 그러므로 보석상은 고객의 평생가치가 고객이 중년이 되었을 때 최고조에 이른다고 생각할 것이며, 여행사는 고객이 정년퇴임을 하고 난 이후의 시기에 평생가치가 더 올라갈 것이라고 봐야 한다. 즉 대부분의 판매자는 반복되는 판매가 가져올 누적효과가 얼마나 될 것인가에 관심을 두어야 한다.

반복구매를 하지 않으면 안 되는 아주 평범하고 일상적인 제품 하나를 생각해 보자.

만약 한 고객이 클리닝 제품을 구입하는 데 있어 1주일에 1만 2000원씩을 지출하고, 이후 50년 동안 계속 반복 지출을 한다고 가정하자. 그러면 이 고객은 50년 동안 클리닝 제품 하나에만 자그마치 **3120만 원**을 지출하게 된다. 그것도 단지 하나의 제품에만 말이다! 그리고 만일 이 제품의 판매 수익률이 10%라고 가정했을 때, 클리닝 제품을 구입하는 고객의 평생가치는 312만 원이 된다. 물론 한 차례 판매로부터 나오는 순수익은 아이들 과자 값 정도에 불과하다.

대부분의 상인들은 의례히 이러한 일회성 판매를 해당 제품의 월간 총판매액의 일부로 쉽게 간주해 버리는 경향이 있다. 그러나 미래를 생각하는 사업가는 모든 일회성 판매에 대해서도 고객을 만족시키기 위해 최선을 다한다. 한 사람의 고객이라도 평생 동안 변하지 않을 충성스런 고객으로 만들기 위해서다.

> **평생가치는 퀵스타와 함께 자신의 인터넷 비즈니스를 구축할 때 매우 확실한 이익으로 나타난다. 왜냐하면 반복되는 판매로부터 연속적인 수입을 확보할 수 있기 때문이다.**

네트워크 마케터는 전통적인 상인들에 비해 매우 유리한 강점을 지니고 있다. 네트워크 마케터는 반복해서 매출을 일으킬 수 있는 동기부여가 잘 갖춰져 있기 때문이다. 즉 그들은 일반 점포의 점원과는 달리 판매를 통한 지속적인 수입을 창출할 수 있다.

평생가치는 퀵스타와 함께 자신의 인터넷 비즈니스를 구축할 때 매우 확실한 이익으로 나타난다. 왜냐하면 반복되는 판매로부터 연속적인 수입을 확보할 수 있기 때문이다.

프로슈머가 주도하는 인터넷 비즈니스

인터넷 쇼핑으로의 고객 대이동과 인터넷 쇼핑이 제공하는 여러 가지 장점들로 인해 수백만 가족의 '프로슈머'들은 인터넷 쇼핑의 매력에 흠뻑 빠진다. 그리고 합법적인 조직의 인터넷 비즈니스 파트너십 관계를 맺는다.

미래 지향적인 가족은 자신과 자녀, 손자를 위해 더 이상 일을 하지 않아도 살 수 있는 충분한 수입과 진정한 재정적 자유를 성취하기 원한다. 그래서 그들은 인터넷을 통해 자신의 부를 배가시킨다.

많은 인터넷 기업은 자기 기업의 구성원들을 상상을 뛰어넘는 부자로 만들고 있다. 그리고 그들의 사업 구축 활동은 향후 경제적 호황을 위한 토대가 되고, 자본주의 자체를 재정립하는 역할을 한다.

경제적 성공은 다양한 방식으로 이루어진다. 그리고 대부분의 사람들에게 그것은 자신이 아닌 다른 누군가를 위해 '피와

땀과 눈물'을 흘려 일한 결과로 이루어진다. 사정이 달랐더라면 매우 똑똑한 사람이 되었을지도 모르는 수백만 명이 가능하면 모두가 피하고 싶은 소위 '출근'이라고 하는 정말 웃기지도 않은 사회경제적 재앙에 의해 매일 집밖으로 내몰리고 있다. 안쓰럽기 짝이 없는 수백만 명의 사람들은 인정머리 없는 상관에 의해 코를 땅에 처박히고, 이리저리 끌려 다니며 에너지를 소비한다.

현실을 직시해 보자. 만약 지금 당신이 누군가 다른 사람을 위해 일을 하고 있다면, 부자가 되기

미래 지향적인 가족은 자신과 자녀, 손자를 위해 더 이상 일을 하지 않아도 살 수 있는 충분한 수입과 진정한 재정적 자유를 성취하기 원한다. 그래서 그들은 인터넷을 통해 자신의 부를 배가시킨다.

란 극히 힘들다. 거의 대부분의 부자들은 자신이 자신에게 급여를 주는 사업을 한다.

자, 이제 남의 꿈을 실현시켜 주기 위해 애쓰는 바보 같은 행동은 그만 두자. 이제는 내 자신의 꿈을 펼칠 차례이다. **인터넷이 창출해내는 부의 규모는 지난 몇 세대에 걸쳐 산업자본이 일궈낸 부의 규모를 훨씬 능가하고 있다. 그리고 그 속도 또한 전에 비해 훨씬 빠르게 진행되고 있다.**

'인터넷의 월마트'는 아직 초기 단계에 있을 뿐이지만 앞으로는 '프로슈머'가 붐을 일으키면서 이러한 트렌드를 주도해 나갈 것이다. 그리고 당신은 이 트렌드에 합류하든 빠지든 두 가지 중 한 가지를 선택해야 한다. 실제로 2010년쯤이면 '프로슈머'가 주도하는 네트워크 경제가 탄생시킨 최초의 억만장자를 볼 수 있게 될 것이다.

가정에서 시작하는 최첨단 사업

우리 주변에는 이미 가정을 기반으로 하는 수백 가지의 비즈니스 기회가 존재하고 있다. 그리고 재택사업을 하고 있는 사람들 가운데 81%는 자유가 있어서 좋고, 자신의 운명을 스스로 개척할 수 있어서 좋다고 말한다. 또한 이들 중 재택사업을 하게 된 동기가 단순히 돈을 벌기 위한 것이었다고 말하는 사람은 채 50%도 되지 않는다. 그리고 93%가 지금의 선택을 결코 후회하지 않으며 다시 태어난다고 해도 지금의 사업을 할 것이라고 말한다.

이제 당신은 남이 아닌 자신을 위해서 일하기 위해 당신의 목표와 일치하면서도 높은 수익을 창출할 수 있는 기회를 발견할 필요가 있다. 그리고 당신은 다음의 4가지 중 하나를 선택할 수 있다.

- **자영업자 되기**:당신만의 틈새사업
- **온라인 회원 가입하기**:아마존과 같은 인터넷 비즈니스 회원
- **프랜차이즈 가맹점 내기**:체인점 사업의 대리점
- **IBO 되기**:퀵스타와 같이 네트워크 마케터로서 하는 개인 프랜차이즈 사업

앞으로 네트워크 마케팅은 지금까지 존재하는 어떤 사업보다 대다수의 사람들에게 재택사업으로써 최고의 기회가 될 것이다. 왜냐하면, 네트워크 마케팅은 자본이 거의 또는 전혀 필요 없고, 투자할 시간도 자신이 결정할 수 있기 때문이다. 단지, 자신이 성장하기 위해 복제 가능한 프랜차이즈와 같은 형태의 사업체를 가져야 한다.

네트워크 마케팅 전자상거래를 운영하는 일은 결코 힘든 일이 아니다. 창업비용은 매우 낮고, 관리하고 보수를 주어야 할 직원도 필요 없으며, 재고와 사무실도 필요 없기 때문이다. 게다가 비용 면에서도 자신의 집을 사무실로 쓰기 때문에 세금이나

다른 경비도 얼마든지 절감할 수 있는 장점을 가지고 있다.

매일 매일, 네트워크 마케터들은 인터넷상에서 비타민, 미용 제품, 폰 서비스, 클리닝 제품, 보험 상품 등을 비롯해 지속적으로 수요가 발생하는 수많은 소비재들을 약 2400억 원씩 판매한다. 그리고 네트워크 마케팅 산업이 성장하면서 전체 경제에서 차지하는 비중 역시 점점 커지고 있다.

네트워크 마케팅과 프로슈머 트렌드의 결합

온라인 네트워크 마케팅의 분명한 리더는 퀵스타다. 물론 에이본이나 허벌라이프 등과 같은 회사들이 퀵스타를 따라잡으려고 노력중이지만 아직 미치지 못하고 있다. 그리고 대형 네트워크 마케팅 회사들은 자신의 미래를 그곳에서 설계하려는 사람들에게 커다란 기회를 제공한다.

일단 퀵스타와 같은 선별된 네트워크 마케팅 회사에 가입하면 자신의 노력과 기술 그리고 욕망에 따라 소득을 스스로 결정할 수 있다. 즉 자신이 회사의 대표가 되어 일하고 싶을 때 일하고 자신이 선택한 사람과 파트너로서 일할 수 있다. 더 많은 시간을 할애하고 더 빨리 사업을 익힐수록 판매나 소득이 증가할 것임은 분명한 사실이다.

1999년 「머니(Money)」지가 조사한 바에 따르면 대부분의 재택사업자들의 연간 총수입은 1억 2000만 원에서 6억 원 사이였다. 이는 개인 소유의 네트워크 마케팅 사업(퀵스타만이 아니라 네트워크 마케팅 산업 전체)의 평균 순수익이 약 6960만 원임을 생각했을 때, 평균적인 직장인의 봉급 수준의 2배 이상의 수입이다. 많은 사람들이 네트워크 마케팅

> **일단 퀵스타와 같은 선별된 네트워크 마케팅 회사에 가입하면 자신의 노력과 기술 그리고 욕망에 따라 소득을 스스로 결정할 수 있다. 즉 자신이 회사의 대표가 되어 자신을 위해 일한다.**

사업에서 파트타임으로 일하며 이 정도의 수입을 벌어들이고 있다. 또한 퀵스타와 같은 대형 네트워크 마케팅 회사는 보상 플랜과 보너스 체계에 따라 다른 회사들보다 일반적으로 더 높은 소득을 올릴 수 있다.

자신의 가정에서 배우자, 자녀와 함께 더 많은 시간을 함께 하고, 그들의 삶에 더 많은 관심을 가질 수 있다는 것은 삶에 있어 큰 보너스이다. 때문에 실제로 많은 부부가 네트워크 마케팅 사업에서 함께 일하며 성공의 기회를 2배로 늘리고 있다.

네트워크 경제학의 레버리지 효과

만약 자신이 네트워크 마케팅 사업을 한다면, 자신의 사업을 성장시킬 네트워크효과를 레버리지할 필요가 있다. 특별히 네트워크 마케팅은 네트워크의 성장과 관련된 '메칼프의 법칙(Metcalfe's Law：3Com의 설립자이자, 이더넷Ethernet이라는 근거리 네트워킹 기술을 발명한 밥 메칼프Bob Metcalfe가 주장한 것으로, 네트워크의 유용성 또는 실용성은 사용자 수의 제곱과 같다는 법칙)'에 따라 기하급수적으로 성장할 잠재력을 가지고 있기 때문이다. 이 책의 앞부분에서 설명한 바와 같이 네트워크는 급속하게 성장하는 경향이 있다. 왜냐하면 네트워크가 팽창하면서 네트워크의 가치는 네트워크 내에 있는 모든 사람들의 가치를 증가시키고, 더 많은 사람들을 네트워크에 끌어들이며, 그들 모두의 상호 이익을 증가시켜주기 때문이다.

사실 네트워크 마케팅은 맥도널드와 같은 프랜차이저(Franchisor)는 아니지만 그 성격상 '개인적으로 프랜차이즈를 차린(Franchised)' 개인으로 구성된 네트워크다. 즉 네트워크 마케팅 사업자들은 함께 판매에 참여할 사업자를 모집하여 자신의 판매 네트워크를 더욱 성장시키고, 그럼으로써 자신도 전체의 일부를 구성하고 있는 회사의 네트워크를 더욱 성장시키는 역할을 한다. 따라서 네트워크 마케팅에서는 네트워크가 성장함에 따라 모든 사람이 승자가 된다.

예를 들면 퀵스타 네트워크의 경우, 성장 속도에 비례해 퀵스타의 보너스 지급액은 2000년의 1716억 원에서 2001년에는 2760억 원으로 크게 증가했다.

프로슈머와 비즈니스 파트너

네트워크 마케팅 사업이 성장하기 위해서는 극복해야 할 두 가지 중요한 도전이 있다. 하나는 일반적인 리크루팅(Recruiting)이고, 다른 하나는 인터넷 비즈니스에 적합한 사람들은 어떤 기본 소양을 갖추고 있어야 하느냐는 것이다.

사실 네트워크 마케팅에 적합하지 않은 사람을 마구잡이로 자신의 네트워크에 가입시키는 것은 전혀 의미가 없다. 이는 오히려 지렛대로 활용하려던 메칼프의 법칙 특유의 성장효과를 반감시켜 결과적으로 '중도탈락률' 만 높인다.

그렇다면 어떤 사람을 신규 가입자로 선택해야 할까? 이에 대한 대답으로써 나는 경험에 비추어 다음과 같이 스스로에게 질문하길 권한다.

"만약 이 사업이 봉급을 받는 사람들로 이루어진 것이라면, 나는 이 사람을 고용해서 매출을 늘리고 사업을 번창시키기 위해 1년에 내 피 같은 돈 4800만 원을 지불할 수 있을 것인가?"

만일 대답이 '아니오'라면 단순히 제품을 사주는 소비자라는 목적 때문에 시간을 낭비할 필요가 없다. 왜냐하면 그는 단지 소비자일 뿐, '프로슈머'는 아니기 때문이다. 즉 그런 사람은 당신의 제품을 구입은 하겠지만, 당신과 함께 비즈니스를 할 사람은 아니다. 그리고 만약 당신의 사업이 인터넷 비즈니스라면 당신은 또한 다른 사람들도 당신만큼의 기본 소양을 갖추도록 할 필요가 있다. 그렇다면 지금 당신이 오늘날의 사업에서 매우 유력한 방식이라고 할 수 있는 인터넷상에서의 네트워크 마케팅을 하고 있다고 가정했을 때, 당신은 어떤 타입의 사람을 리크루팅해야 할 것인가?

만약 그들로 하여금 자신의 인터넷 쇼핑몰에서 물건을 구매하도록 하고 싶어 한다면, 그들이 인터넷 접속수단을 가지고 있거나, 이미 온라인을 이용하고 있거나, 적어도 온라인상에서 한 번이라도 물건을 구매해 본 적이 있는 사람을 선택해야 한다. 이런 사람은 인터넷이 무엇을 하는 곳인지 알고 있으므로 당신에게 도움이 될 것이다. 당신은 시간을 절약하기 위해서라도 PC를 어떻게 구입하고, 어떻게 사용하며, 인터넷 서핑은 어떻게 하고, 인터넷 쇼핑은 어떻게 하는지 등 시시콜콜한 것까지 일일이 교육시키고 싶지는 않을 것이다.

이런 기본적인 것조차 할 수 없는 사람은, 비록 그들이 판매에는 뛰어난 자질을 갖추고 있을지 몰라도 아직 전자상거래를 할 준비가 되지 않은 사람으로 봐야 한다. 당신은 기본 소양의 측면에서 가능성이 있는 사람을 선별할 필요가 있다.

당신에게는 적어도 인터넷 서핑과 인터넷 쇼핑의 '학습곡선'에서 출발할 수 있는 사람이 필요하다.

AOL이나 아마존이 당신의 잠재회원들을 교육시키도록 하라. 그런 다음, 기본 소양이 갖춰진 사람을 퀵스타 사업의 파트너로 가입시켜라. 아직 온라인 전자상거래에 필요한 기본 소양을 갖추지 못한 사람이나 갖추려고 하지 않는 사람과는 사업 파트너가 되기 위해 피 같이 소중한 시간을 낭비할 필요가 없다.

열정적인 인터넷 비즈니스 사업가 '프로슈머'와 수동적인 인터넷 쇼핑객을 구분하기 위해서는 앞에서 했던 기본 소양과 관련된 4800만 원의 질문을 자신에게 다시 던져봐야 한다. 그런 다음 자신이 했던 것과 똑같은 방식으로 성공적이고 급성장하는 '프로슈머' 비즈니스 네트워크를 구축하는 데 필요한 자질을 갖춘 열정적인 유망주에게 시간을 투자하라.

자신의 비즈니스 파트너를 구하는 일에서만큼은 매우 분별력이 있고 인내심을 발휘하며 부지런해야 한다는 사실을 명심하라. 그리고 이 일부터 가장 먼저 실천하라!

미래를 디자인하는 프로슈머

스스로 미래의 성공 수준을 디자인해야 한다. 자신이 미래에 무엇이 되고 싶은지는 오직 자신만이 결정할 수 있다.

자신의 사업을 키우기 위해서는 우선 목표를 정해야 한다. 목표를 세울 때는 너무 높거나 낮아서는 안 된다. 만약 목표를 비현실적으로 너무 높게 설정하면 목표를 달성하는 데 실패할 것이고, 그로 인해 그룹은 사기를 잃게 된다. 반면 목표를 너무 낮게 설정해도 시장에서 뒤처지고, 그룹 역시 사기를 잃는다.

우리가 앞에서 살펴보았던 것처럼 네트워크는 기하급수적으로 성장한다는 메칼프의 법칙을 활용할 필요가 있다. 만약 인터넷 쇼핑이 1년에 50% 성장하고 있다면, 당신의 네트워크 역시 같은 비율로 성장해야 한다.

종합적인 목표를 설정하는 데 있어 당신은 '프로슈머' 사업자

모두에게 개인별 목표를 설정해줘야 할 뿐만 아니라 단순한 구매 고객들에게도 목표를 설정해 줘야 한다. 이는 전체적으로 당신의 종합적인 성장 목표를 달성하기 위한 방법이다. 그리고 매일 매일은 아니더라도 적어도 1주일 단위로는 매출 보고서를 분석해야 한다. 당신의 비즈니스 실적을 당신의 목표치와 비교하면서 사업을 관리할 필요가 있기 때문이다. 당신의 사업은 정보가 중심이 되는 인터넷 사업임을 분명히 기억하라. 당신은 네트워크로 이루어진 정보의 힘을 이용해 사업을 관리해 나가야 한다.

이렇게 정보의 힘으로 사업을 추진해야 당신 그룹의 '프로슈머' 사업자들 중에서 누가 도움을 필요로 하는가를 알 수 있다. 즉, 당신의 네트워크 안에서 실적이 미흡한 '프로슈머'나 소비자가 목표치에 도달하도록 하기 위해 타 상품과의 연계 판매(Cross-Sell)나 수익성이 높은 상품 판매(Up-Sell)를 할 수도 있다. 그러나 만약 매출이 뒤처지는데도 당신이 빠르고 올바르게 대처하지 못하면, 더 이상 목표치에 도달하지 못하고, 결국 그 해의 전체 목표를 달성하는 데 실패하게 된다.

반대로 그룹 파트너들 대부분의 주간 누적 매출액이 목표치를 초과한다면, 그때는 당신 역시 목표치를 훨씬 상회하여 성장할 수 있다. 또한 모든 파트너에게 지속적으로 동기를 부여하는

데 별 어려움이 없을 것이다.

요약하자면, 성공을 규정하는 원대한 기준을 우선 정하라는 것이다. 당신은 먼저 자신의 관점에서 미래의 성공을 규정해야 한다. 그런 다음 당신의 네트워크를 건설하는 데 도움을 주는 모든 파트너도 당신과 동일한 수준의 성공의 기준을 마련할 수 있도록 도와주어야 한다.

이 모든 일을 성실하고 신중하게 행하라. 그러면 당신은 분명히 성공할 수 있다.

황금의 기회를 잡아라!

이 책은 인터넷 혁명이 우리의 삶과 사회, 비즈니스 및 쇼핑에 얼마나 극적인 변화의 바람을 일으키고 있는가를 연구한 저작물이다. 따라서 이 책을 읽는 당신이 소비자이든, 미래의 잠재적인 퀵스타 IBO든, 또는 현재 IBO로 활동하고 있든 상관없이, 나는 당신이 이 책에서 제공하는 모든 정보들을 자신의 상황에 맞게 잘 활용하기 바란다.

• 만약 당신이 소비자라면

인터넷 쇼핑 공간이 퀵스타이든 아니면 다른 대표적인 쇼핑 사이트이든 관계없이 인터넷 쇼핑을 함으로써 당신이 얼마나 많은 시간을 절약할 수 있는지 생각해 보기 바란다.

- 만약 당신이 미래의 퀵스타 IBO가 되려고 한다면

  퀵스타 쇼핑몰에서 당신과 당신이 가입시킨 사업 파트너들이 구입하게 될 모든 것에 대해 수당을 받는다. 뿐만 아니라 당신 자신의 사업체를 소유하게 됨으로써 네트워크 마케팅이 당신의 꿈을 성취하게 하는 데 어떤 도움을 줄 것인가 생각해 보기 바란다.

- 만약 당신이 이미 퀵스타 IBO로 활동하고 있다면

  이 책에서 언급했던 트렌드나 아이디어들이 당신 사업의 성공에 어떻게 도움이 될 수 있는지 알아보고, 자신의 사업 방식을 어떤 식으로 구축해야 할지 다시 검토해 보기 바란다.

  나는 퀵스타 비즈니스 모델이 인터넷 혁명이 미치는 영향력과 완벽하게 일치하고 있다는 사실을 굳게 믿고 있다. 그리고 IBO라는 개념에 의해 비즈니스 모델에 도입된 '하이터치' 적 요소가 온라인 세계에서 성공과 실패를 규정하는 '차이' 가 될 것임을 주장한다.

  만약 당신이 퀵스타에 동참하면 당신은 최고의 인터넷 전자상거래에 있어서 황금 같은 기회를 스스로 잡게 되는 것이다. 퀵스타는 온라인에 진출한 최초의 네트워크 마케팅 회사이자 지금까지 존재하는 세계 최고의 네트워크 마케팅 회사다.

퀵스타는 출범한 첫날부터 수익을 창출했고, 비슷한 수준의 네트워크 마케팅 경쟁사보다 앞서 나가고 있다. 그래서 2001년에는 온라인 전체 소매기업들 중 아마존에 이어 명실 공히 2위의 자리에 올랐다.

앞에서 언급했던 것처럼 퀵스타는 크게 성공할 수밖에 없는 운명을 타고 났다. 퀵스타는 현재도 거대한 조직이지만 앞으로 더 거대해지고 성공의 가도를 달릴 것이다.

그리고 내가 예측한 것처럼 퀵스타는 2010년이 되면 세계의 모든 인터넷 쇼핑 인터넷사이트 가운데 '톱 5'로 자리매김할 것이다. 어쩌면 2010년이 채 되기도 전에 최고의 자리에 오를지도 모른다.

물론 이렇게 놀라운 결과가 일어나느냐 마느냐는 퀵스타 IBO들의 손에 달려 있다. 그리고 나는 퀵스타의 IBO들이 내 예측을 현실로 실현시킬 수 있는 충분한 역량을 가지고 있다는 사실도 알고 있다.

여러분 모두에게 행운이 깃들기 원한다. 그리고 나는 진심으로 여러분 모두가 환상적인 미래를 맞이하길 바라며, 또한 여러분 모두가 인터넷 혁명의 성공을 함께 나누게 되길 진심으로 바란다.

저자 소개

　프랭크 피더는 세계적인 비즈니스 및 인터넷 미래분석가다. 그는 세계 전역에 있는 기업, 조직, 정부를 상대로 컨설팅을 하고 있다. 또한 자신의 사업체들인 인터넷 기업, 퓨처트렌드닷컴(www.Future-Trends.com)과 국제마케팅컨설턴트사의 설립자 겸 회장으로 있다.

　프랭크는 '걸어 다니는 미래 백과사전' 혹은 '백과사전 같은 천재'로 불린다. 맥밀란 출판사가 펴낸 『미래 백과사전』을 보면 레오나르도 다 빈치(Leonardo da Vinci)를 비롯해서 역사상 가장 뛰어난 100명의 미래분석가들을 선정했는데, 그 가운데 한 사람이 바로 프랭크다.

　그는 세계 3대 은행(바클레이스Barclays, TD금융그룹Toronto-Dominion Bank Financial Group, CIBC은행)의 기획 및 마케팅

담당 중역을 역임한 바 있다. 1979년에 프랭크는 지금은 너무도 잘 알려진 '생각은 세계적으로, 행동은 지역적으로(Thinking Globally, Acting Locally)' 라는 문구를 만들어 냈으며, 그와 관련된 개념인 '글로벌' 마케팅을 발전시키기도 했다.

그는 AT&T, 엑슨 모빌Exxon Mobil, IBM, 포드, GM, 노키아, 쉘Shell과 같은 수많은 글로벌 기업의 자문역을 하고 있다. 또한 세계은행, IMF(International Monetary Fund:국제통화기금), UN 및 캐나다·멕시코·미국 정부에 컨설팅을 하고 있다. 또한 1984년 이후 중국의 경제 및 시장 개혁 특별고문으로 활동하고 있다.

이미 몇 권의 베스트셀러 저자이기도 한 프랭크는 『미래의 닷컴 소비자』에서 퀵스타가 2010년까지는 '톱 5'의 인터넷 쇼핑 인터넷사이트가 될 것이라고 예측했다. 보다 최근에 펴낸 『미래의 생활:불확실한 세상에서 더 잘 사는 9가지 비결(Future Living:9 Steps to a Better Life in an Uncertain World)』에서 그는 마이크로소프트 회장인 빌 게이츠가 처음 예견했던 '인터넷 라이프스타일' 의 도래를 언급하고 있다. 프랭크는 또한 「웹 라이프스타일스(Web Lifestyles)」라는 뉴스레터를 발행하면서 미래의 거대한 사회적 변화에 대해 예의주시하고 있다.

세계 도처에서 순회강연 요청이 쇄도함에 따라 프랭크는 거의 모든 산업의 비즈니스 및 사교 행사에서 강연하고 있다. 1999년 이후 그는 몇 차례의 퀵스타 행사에서 연설했다.

프랭크는 캐나다 토론토 소재의 요크대학교 경영학과 학부 및 대학원 과정을 마쳤으며, 영국 및 캐나다 은행연구소가 수여하는 면허증을 갖고 있다. 또한 그는 미국 사회정신의학협회의 특별 회원이다.

자긍심 강한 요크셔 출신인 프랭크는 자신이 '이름과 성격상 솔직한' 사람이라고 말한다. 그는 매우 현실적이면서도 솔직하게 자신의 생각을 표현하며, 깊이 있고 광범위한 연구를 거쳐 나온 저작물과 강연을 통해 놀랄 만큼 풍부한 상식을 유감없이 보여주고 있다.

프랭크는 중국 상해 출신 타미 민 탄(Tammie Min Tan)과 결혼하였으며, 중국에서 입양한 두 딸 멜리사(Melissa), 에슐리(Ashley)와 함께 살고 있다. 그들은 캐나다 토론토 교외의 숲이 우거진 전원에서 거주하며 인터넷 라이프스타일을 만끽하며 살고 있다.

퀵스타닷컴

인터넷 혁명의 미래

지은이 프랭크 피더
옮긴이 정균승

1판 1쇄 인쇄 2004. 7. 24
1판 1쇄 발행 2004. 7. 28

펴낸곳 도서출판 황금비늘
펴낸이 배시병

기획 송성호
편집 손지연
표지디자인 디자인캠프 최승협
본문디자인 디자인캠프 방기연
인쇄 · 제본 미르인쇄

등록번호 109-90-82197
등록일자 2003. 11. 1

주소 서울특별시 강서구 가양3동 1488-6 청원빌딩 5층
전화 02-2659-8772~3
팩스 02-3663-7118
e-mail hgbn2003@hanmail.net

값 7500원
ISBN 89-91013-02-3 13320